통증 언어학

통증 언어학

초판발행 2024년 6월 28일
지은이 신재기
펴낸이 신지원
펴낸곳 도서출판 소소담담
등 록 2015년 10월 7일(제2017-000017호)
주 소 대구광역시 북구 호국로43길 7-19
전 화 053-953-2112

ISBN 979-11-983129-8-3 (03810)
ⓒ 신재기, 2024

*저자와 출판사의 사전 동의 없는 무단 전재 및 복제를 금합니다.

통증 언어학

신재기
수필집

솔솔
담담

• 작가의 말

  오랫동안 수필비평을 해왔다. 어느 시점부터 창작도 병행했다. 비평 활동을 하면서 정돈되지 않은 이런저런 이론을 펼쳤는데, 그 과정에서 창작이 뒷받침되어야 한다는 생각이 들었기 때문이다. 창작을 통해 이론과 비평의 정당성을 입증하고 싶었다. 하지만 이론과 창작의 거리를 좁히는 일은 간단치 않았다. 창작을 강의하는 나에게 누구가 "당신은 잘 쓸 수 있느냐"고 묻는다면, 아무 말도 못 할 것 같다. 이론 따로 창작 따로가 언제 끝날지 모르겠다.

  원래 '언어'를 테마로 하는 작품집을 만들려고 계획했으나 반타작에 그치고 말았다. 아쉬움이 남는다. 이 작품집을 기점으로 글쓰기의 방향을 바꾸고 싶다. 이 자리에 머물지 않고 새로운 변화를 시도해 보겠다고 다짐해 본다. 몇 차례에 걸쳐 꼼꼼히 교정을 봐준 박보현 수필가에게 감사드린다.

2024년 6월
신 재 기

|차|례|

• 작가의 말 5

1부

파롤parole의 욕망 12

랑그langue의 종착지 18

'문자'라는 신 앞에서 26

아침 잡샀니껴 33

고유의 이름을 불러 다오 39

좀 덜 까불지 46

순박한 언어가 목마르다 53

클리셰 균열 내기 59

2부

'먹다'의 품격 66

촌스럽다 73

할머니의 말 78

내 말이 누구에게 위안을 줄 수도 82

통증 언어학 88

순백의 언어 95

빈말 102

고래를 춤추게 하는 칭찬은 싫다 107

3부

질문의 기술 114

내 책과의 이별 122

외로워도 괜찮다 128

급행 버스의 언어 133

수필/SUPIL 138

방법과 기술 144

그곳은 있다 148

무던한 사람으로 보였으면 152

4부

비대면과 초연결 시대 160

나그네에서 관광객으로 165

수도권에 입성한 아들에게 170

도둑맞은 집중력 175

문학판에도 서열화 180

악을 들여다보다 185

내미는 손 잡아 주자 190

기후변화와 그 대응 195

삶의 구체성과 토착성이 묻어나는 언어, 대지가 붙안는 햇빛과 비와 바람의 언어, 돈에 속박되지 않은 순박한 사람의 언어가 목마르다.

― 〈순박한 언어가 목마르다〉에서

1부

파롤parole의 욕망

　사용할수록 갈증이 더해지는 것이 언어다. 글보다 말이 더 그렇다. 말을 끝내고 나면 언제나 미진하다는 생각이 든다. 하고 싶은 말을 다 못 했다는 아쉬움이 남기 때문이다. 글의 경우는 의도한 바를 최대한 구현하기 위해 수정을 거듭할 수 있으나 말의 경우는 한번 뱉으면 그것으로 끝이다. 시간의 연속을 따라 이어지는 말은 중간에 쉬어갈 수 없다. 끊이지 않도록 말의 앞뒤를 연결하는 데 신경을 써야 한다. 시간의 압박을 받는 말은 논리를 잃고 발화자의 통제에서 벗어나기 일쑤다. 왜 그럴까. 말은 뇌리에서 사고한 바를 밖으로 표출하는 단순한 통로가 아니다. 발화 과정에서 주체의 사고가 형성되고, 무의식으로 잠재하던 주체의 다양한 욕망이 표출되기도 한다. 언어는 투명하거나 순수하지 않다. 개인의 욕망으로부터 분리된 말은 없다. 인간의 언어에는 불순물이 끼어들기 마련이다. 화자는 불순물을 최소화하고, 청자는 그것을 골라 가면서 들어야 한다.

사람들이 '너무'라는 부사를 많이 사용하는 것 같다. 연말 TV 시상식 중계방송에서 연예인, 가수, 배우들의 수상소감을 들어보면 '너무' 혹은 '정말'이란 부사가 넘쳐난다. '너무너무'처럼 중첩 사용도 예사다. 듣고 나면 '너무'라는 말만 귓전에 맴돈다. 주체가 감사하다, 고맙다, 좋다, 놀랍다 등의 뜻을 드러낼 때 '너무'나 '정말'과 같은 정도부사를 어김없이 앞세운다. 일상의 대화에서는 악센트와 강한 억양까지 보탤 때도 있다. 발화자가 서술어의 의미를 극대화하기 위한 화법이다. 이런 화법은 발화 내용의 진실성을 담보하는 효율적인 방법이기는 하지만, 그것의 과도한 사용은 역효과를 가져오기 쉽다. '너무 감사합니다'라는 말에서 수식어 '너무'의 무게가 넘치면, 원래 전하려는 '감사하다'의 진정성은 훼손될 가능성이 크다. 부사는 화자의 의도에 힘을 실어 주지만, 늘 위태롭고 균형 잡기가 쉽지 않기 때문이다. 수식어 없는 담백한 표현이 더 효율적일 수 있다.

전체 발언 시간이 정해진 강의, 논문발표, 연설, 강연, 토론 등에서 서두를 길게 끌고 가다가 말하려는 바를 못다 하고 서둘러 끝내는 경우를 자주 목격한다. 왜 본론에 곧장 들어가지 못하고 들머리에서 그토록 오래 서성일까. 자신을 돋보이게 하려는 위장이거나 발생할 오류에 대비한 퇴로 마련일 때가 많다. 발화의 권위를 세워보겠다는 욕망, 자기를 보호하려는 변명이 사단의 원인이다. 이런 경향은 전달하려는 정보의 가치가 그 자체보다는 생산자의 권위에 의해 결정된다는 오해에서 비롯된 것이다. 무의식적으로 발화 내용을 치장하는 행위이기도 하다. 그리고 퇴로를 만드는 변명도 청자를 설득하기보다는 자기 위안에 무게를 둔다. 여유가 없는데도 거절을 잘 못하는 성격이라 어쩔 수 없이 발표 제안을 받아들였다느니, 주어진 준비 기간이 짧아서 내용이 부실하다느니 등이 그것이다. 반대로 자기 자랑을 노골적으로 보탤 때도 있다. 이 모두가 메시지 자체보다 그것을 장식하는 데 힘을 주는 경우이다.

 공식 행사에서 어떤 말을 할 때는 말이 짧아야 한다는 점을 뇌리에 깊이 새겨 두고 있다. 시간을 짧게 가져가기 위해서는 반드시 원고를 준비해야 한다는 점도 잘 알고 있다. 갑자기 지명되어 '한 말씀' 해야 할 때도 연단에 오르면서 마음속으로 짧게 말하겠다고 다짐한다. 그런데 마음먹은 대로 되지 않고, 엇길로 나갈 때가 대부분이다. 준비한 원고를 읽는 것과 다를 바 없이 말하다가도 어느새 원고에 없는 이야기를 덧붙인다. 이런 말은 대부분 낯선 욕망이 제어되지 않고 무의식적으로 돌출한 것이다. 간단히 말하겠다고 공언해 놓고도 실제 행하는 말은 길어진다. 마지막으로 한마디 덧붙인다는 것이 길게 늘어나곤 한다. 끝내고 제자리로 돌아와 앉는 순간 말이 길었음을 알고 후회하지만, 이미 뱉은 말은 다시 주워 담을 수 없다. 글도 통제하기가 어렵기는 마찬가지다. 언어는 밖으로 나오는 순간 주체의 통제에서 벗어나려는 관성이 작용한다. 규범적인 랑그에 의존하려는 것이 언어지만, 그 파롤은 발화자마다 고유한 모양으로 표출되기 때문이다.

파롤이 랑그에 안주하려는 경향도 발화의 참신성과 진정성을 떨어뜨린다. 나는 초등학교에 다닐 때 군 복무 중인 삼촌과 형님한테 자주 편지를 썼다. 편지 제목은 언제나 '삼촌 전 상서'와 '형님 전 상서'였고, 계절 인사와 안부를 묻는 것으로 서두를 시작했다. 끝은 '군 복무에 충실하고 건강하기를 기원한다'는 식이었다. 이런 내 편지를 보고 동네 어른들은 칭찬을 아끼지 않았다. 사실은 별로 힘들이지 않고 공식에 맞게 말을 늘어놓았을 뿐이다. 어른이 되어 부조 봉투에 쓰는 말로 고민이 적잖았다. '祝 結婚'이나 '賻儀'를 제외하고 좀 더 참신한 말을 찾고자 했으나 언제나 그 안에 머물고 말았다. 우리의 언어 구사가 이처럼 상당 부분 고정된 관습에 의존하고 있다. 파롤이 랑그의 지배 아래 놓이기 때문이다. 문화와 관습이 발화의 구체성과 개인의 실존을 지워버릴 때가 잦다. 실존의 개성이 표출되는 현장이 언어의 파롤이다. 랑그의 규약을 위반하는 파롤의 돌출에서 존재는 더욱 빛난다.

인간은 타인과 관계하면서 자기 존재를 확장한다. 존재한다는 것은 타인과 끊임없이 소통한다는 말이다. 만남과 소통은 언어를 주고받음으로써 가능하다. 여기에는 화자와 청자 간 암묵의 공통 형식이 작동되어야 한다. 발화자는 청자에게 내 말을 믿어 달라고 호소하고, 청자는 화자의 권위를 인정해 준다. 대화를 통한 소통 과정에서 "타인이 자신을 나에게 맡기는 것처럼, 나도 위험을 무릅쓰고 나 자신을 타인에게 맡긴다"(조르주 귀스도르프, 《파롤》에서). 신뢰감을 주지 못할 때, 언어는 갈등과 분열의 불씨가 된다. 언어의 무의식적인 관행이 신뢰를 무너뜨린다. 파롤은 욕망의 덩어리다. 말을 많이 하려는 것이 파롤의 속성이다. 많은 것을 말하려다가 아무것도 말하지 못하거나 오해를 불러온다면, 그 말은 침묵보다 못하다. 많은 것을 말하려면 적게 말하는 길을 찾아야 한다.

랑그langue의
종착지

습사무소 기억이 뚜렷하지는 않다. 아마 초등학교 2, 3학년 때였던 것 같다. 수업 시간이었다. 선생님이 나에게 그날 배울 단원을 읽어 보라고 했다. 나는 소심하고 내성적인 아이였다. 다른 사람 앞에 잘 나서지 못했다. 선생님으로부터 지명을 받자마자 가슴이 두근거렸다. 결국 그날 단원 제목이었던 '읍사무소'를 '습사무소'로 읽고 말았다. 당시 대부분의 시골 아이에게 학교 공부는 부모님의 농사일을 거드는 일보다 차순위였다. 2, 3년이나 학교에 다녔는데도 읽기나 받아쓰기를 제대로 하는 학생이 그리 많지 않았다. 나도 그랬다. 열 살 전후의 어린아이가 큰 소를 몰고 다니는 일에는 능숙했으나 문자 앞에서는 갈팡질팡했다. 뭔지 모를 불안감이 밀려오는 가운데 '읍'을 '습'으로 오독하고 말았다. 당시 저학년 교과서에 나오는 '하였읍니다, 먹었읍니다, 보았읍니다' 따위를 '하엿습니다, 먹엇습니다, 보앗습니다'로 읽다 보니 '읍'을 '습'으로 읽어야 하는 줄로 착각했다. 그리고 '읍'으로 시작하는 단어는 교과서에서 거의 찾아볼 수 없었다. 당시 '면사무소'는 학교 옆에 있어 익숙했지만, '읍사무소'는 듣도 보도 못했다. 선생님이 핀잔을 주면서 '읍사무소'로 읽도록 정정해 주었을 때, 나는 책도 제대로 못 읽는 아이로 낙인찍히고 말았다. 지금도 그때를 기억하는 것을 보면, 그 상황이 몹시 창피스러웠던 모양이다. 그 후에도 '읍'과 '습'이란 글자는 뒤엉켜 혼선을 빚으면서 오랫동안 나를 힘들게 했다.

연음법칙 중학교 1학년 때 국어 선생님은 여러 가지 문법을 명쾌하게 설명해 주었다. 어떤 내용은 중학교 1학년 수준을 넘어서기도 했다. 가장 먼저 접한 것이 연음법칙, 자음접변, 구개음화 등과 같은 음운론 영역에 해당하는 내용이었다. 완전하게 이해하지는 못했으나 연음법칙을 접했을 때, 묵은 체증이 단숨에 내려가는 것 같았다. 경계를 구획하지 못하고 희미한 안개 속에 있던 '습'과 '읍'이 마침내 자기 모습을 가진 고유한 실체로 다가왔다. 여기에다 '절음법칙'까지 이해하면서 우리말 문법이 마치 마법같이 느껴졌다. 나는 지금도 '맛있다'를 '마딛따'로 발음하면서 원칙을 고수한다. 식사 자리에서 아이들이 '마싣따'로 발음하지 않는 나를 의아해한다. 한번은 중학교 때 배운 연음법칙과 절음법칙을 아이들에게 진지하게 설명한 적도 있었다. 지금 '마딛따'를 원칙으로 하고 '마싣따'를 허용하는데, 이는 절음법칙에 근거하기 때문이다. '연음'과 '절음'에 대한 이해는 내 이름의 로마자 표기에까지 이어졌다. 이름 한 자 한 자는 제각기 뜻을 지닌 실사實辭로 간주하고 절음법칙을 적용했다. 'Shin Jae gi'가 아니라 'Shin Chae ki'로 적었다. 전자는 연음을 전제한 유성음 표기이고, 후자는 절음을 전제한 무성음 표기다. 이 표기가 틀렸다고 지적한 사람도 있었다. 내막을 모르니 '채키'로 읽히는 것을 오류라고 볼 수밖에 없었으리라. 어린 나이에 '읍사무소'를 '습사무소'로 잘못 읽어 창피를 당했던 그때의 충격이 국어 문법에 집착하는 원인이 되었는지도 모른다.

콩탕풀칠 고등학교 2학년 때는 국어 외 문법 과목을 따로 공부하게 되었다. 그때 문법을 가르친 분은 연세 지긋한 교련 선생님으로 교내에서 엄하기로 소문이 자자했다. 그분은 대구 소재 대학 국어국문학과를 나와 장교로 장기 복무하다가 전역 후 우리 학교 교련 교사로 부임해 왔다. 나중에 들은 이야기에 의하면, 선생님은 대학 시절 학문에 대한 열정이 대단하였고, 특히 최현배 국어문법에 대해서는 타의 추종을 불허할 정도로 달통했다고 한다. 선생님은 교과서는 밀쳐놓고 최현배의 국어 문법을 요약 정리한 유인물을 나누어 주었다. 수업 시간에 설명은 간단하게 하고 무조건 암기하도록 강제했다. 재미있는 조어를 통해 쉽게 암기하는 방법까지 제시해 주었다. 가령 'ㅎ' 소리를 포함하는 거센소리(격음) 'ㅋ, ㅌ, ㅍ, ㅊ'은 '콩탕풀칠'로, 치음齒音 'ㅅ, ㅈ, ㅊ'은 '새잔치'로 대치하는 등이 그것이었다. 대부분의 학생에게 국어 문법은 재미없고 어려웠다. 그런데 나는 대학입시와 별로 상관없다는 점을 잊어버린 채 갈수록 문법 공부에 빠져들었다. 모음삼각도, 다양한 음운법칙, 아홉 품사, 일곱 가지 문장성분, 조사와 의존명사의 쓰임 등 주요 국어 문법을 두루 섭렵했다. 어쨌든 별난 한 선생님의 문법 교육은 나의 대학 본고사 합격에도 결정적인 도움이 되었고, 내가 국어에 관한 기초지식을 오래 유지하는 데 원동력이 되었다. 다만 지적 충격에 매료되어 15세기 어법인 이영보래以影補來와 같은, 고등학생 수준 밖에 있는 학술적인 문제에 매달려 에너지를 낭비했던 일은 지적 욕구 과잉이 빚은 폐해가 아닐 수 없었다.

페르디낭 드 소쉬르Ferdinand de Saussure 대학의 국어국문학과 교과목은 일반적으로 국어학과 국문학이 반반으로 개설된다. 그런데 내가 다녔던 대학의 경우에는 국어학 관련 과목이 국문학 과목보다 더 많았다. 학부 2학년 때부터 현대문학을 전공하겠다고 진로를 정한 터라 국어학보다는 국문학 공부에 관심을 더 쏟았지만, 어쩔 수 없이 여러 국어학 과목을 이

수할 수밖에 없었다. 그런데 관심은 국문학에 두었으나 학과 성적은 국어학 쪽이 월등하게 좋았다. 내 무의식 속에는 국어학에 대한 지적 매력이 잠재하고 있었던 모양이다. 대학 학부 과정을 통해 얻은 몇 가지 언어학 관련 개념은 나의 학문연구와 글쓰기에 밑거름이 되었다. 언어 사용의 경제원칙은 언어 변화를 넓게 이해하는 시야를 열어 주었다. 어느 교수의 변형생성음운론 강의에서 처음 접한 '변별적 자질'이라는 개념은 문학작품을 체계적으로 해석하는 데 도움을 주었다. 그러나 내 지식의 장에 가장 큰 영향을 준 것은 소쉬르의 언어학 기초이론이었다. 랑그와 파롤, 시니피앙과 시니피에, 언어의 자의성 등은 지금도 여전히 내 지적 세계에서 주요 요소로 작동하고 있다. 시론 수업을 통해 알게 된 하이데거의 '언어는 존재의 집이다'라는 명제는 오늘 나의 문학관과 수필이론을 지탱하는 밑절미가 되었다. 일반 언어학이나 국어학을 따로 공부하지는 않았지만, 대학 학부 과정에서 안으로 자연스럽게 흘러들었던 몇몇 언어학 개념은 보석같이 소중한 것들이었다.

불립문자不立文字 문학 공부를 이어오는 과정에서 '언어는 존재의 집'이라는 인식 이상으로 언어가 존재의 진실을 훼손하거나 왜곡할 수 있다는 생각도 빈발했다. 김춘수의 무의미시를 어느 정도 이해했을 때, 문학에서 오독이 한계이면서 본질이라는 다치적 관점을 수용했을 때, 글쓰기를 하면서 가용할 언어의 한계에 직면했을 때, 언어는 가능의 빛이라기보다는 불가능의 어둠임을 깨달았다. 어느 지점에 이르러 '기표(시니피앙)에 미끄러지는 기의(시니피에)'라는 라캉의 설명이 내 언어 인식의 중심에 놓이게 되었다. 언어는 진실과 본질의 언저리에서 변죽만 울리고 끝날 때가 많다. 평정平靜과 무심의 호수에 돌을 던져 파문을 일으키고 마는 꼴이다. 내가 가용하는 언어가 부족하거나 넘쳐 과녁을 빗나가는 일은 일상에서만 그런 것이 아니라 글쓰기에서도 반복된다. 시인 이성복이 "애초에 글쓰기는 제 눈을 찔러 홍채를 살피려거나 제 살을 파먹고 기운을 회복하려는 불가능한 시도"라고 했다. 이는 바로 언어의 불완전성을 지목한 것이 아니겠는가. 나의 말이 누구의 가슴에도 닿지 못한 채 허공의 메아리로 흩어지고 마는 것을 인생 노년에 이르러 더욱더 실감한다. 언어에 관한 내 생각이 진화해 온 종착지는 '불립문자'인 것 같다. 언어에 휘둘려 감정과 욕망을 소비하는 가련한 모습이 지금의 내 자화상이다. 너에게 다가가지 못하는 말, 힘만 잔뜩 들어가 오만하거나 분식된 언어, 진리의 변죽만 울리고 마는 허식의 글들, 타인의 생각을 따라다니기에 분주한 문장…. 나는 여전히 '읍사무소'를 '습사무소'로 읽고 있는 것 같다.

'문자'라는
신 앞에서

 종이 위에 빼곡히 박인 글자가 나를 꼬나본다. 와다닥 뛰쳐나와 내 면상을 후려칠 기세다. 때로는 그 글자가 칼날이 되어 가슴을 찌르고, 내 자존심을 사정없이 깔아뭉갠다. 책 속의 문자 앞에서 가슴 조이며 다리를 후들후들 떨었을 때가 한두 번이 아니다. 책을 열지 않는 것이 상책이어서 한참 동안 멀찌감치 밀쳐놓거나 아에 쳐다보지 않을 때도 있다. 손수 책임 교정을 보거나 제작 과정에 관여한 책이 출간된 후, 그것을 처음 대면할 때 내 심경은 언제나 이러했다. 어디 책뿐이랴. 한 편의 논문이나 짧은 글도 마찬가지다. 사십여 년의 세월 동안 글을 쓰고 책을 펴내는 일을 업으로 삼고 살아오지 않았던가. 새로운 얼굴을 내미는 글자 앞에 언제나 불안해 가슴이 두근거린다. 이제는 두려워서 아예 피하고 싶을 지경이다. 그것이 사람이었다면 벌써 인연을 끊었을지도 모른다. 그런데도 글자와 맞서거나 섬기는 일을 숙명처럼 안고 오늘도 바장거리고 있으니, 이 무슨 악연인가.

두려움과 기대감을 함께 안고 새로 나온 책을 펴는 순간 오탈자가 눈에 들어온다. '안광眼光이 지배紙背를 철徹'할 정도로 교정을 보았건만, 이게 웬 말인가. 단순한 오탈자나 맞춤법의 오류가 아니고 고유명사나 연도가 시위하듯이 잘못 박혀 있다. 귀신이 곡할 노릇이 아닌가. 이때 가장 먼저 엄습하는 것은 자괴감이다. 글자 한 자로 내 자존감이 땅에 떨어지고 만다. 이 일에 오만 정이 다 떨어진다. 그간 쏟았던 노력과 시간, 다른 사람으로부터 박수를 받을 것이라는 기대감이 한순간에 지워지고 환멸감만 덩그렇게 남는다. 신이 아닌 이상 이런 오류는 흔한 것이라 여기며, 과잉 반응을 보이는 나를 병적이라고 말하는 사람도 있다. 1980년대 중반 대학 신문사 주간을 맡고 있을 때, 인물 이름 오기로 신문을 다시 인쇄했던 경험이 있다. 이때 글자 한 자의 오류가 얼마나 큰 파장을 몰고 오는지 경험했다. 내 책임 아래 출판물을 만든 것은 그때가 처음인 터라, 난감했던 경험은 기억에 깊이 새겨졌다. 그후에도 이 기억은 수시로 나를 괴롭혔다. 아무튼 나는 글자와 싸워야 하는 전장에서 불안에 떠는 용기 없는 병사인 것 같다.

글을 쓰거나 출판에 종사하는 사람이면 누구나 오탈자 및 맞춤법 오류로 곤혹스러웠던 적이 한두 번이 아닐 것이다. 일이 확대되어 욕을 먹거나 문책을 당했다는 말도 들었다. 소문으로 전하는 이야기다. 활판인쇄를 하던 때, 어느 신문 기사에 '大統領'이 '犬統領'으로 인쇄되었다는 것. 식자공이 '클 大' 자를 '개 犬'으로 잘못 뽑고, 교정 과정에서도 이를 발견하지 못했다는 것. 얼마나 혼쭐이 났는지 그후 이 신문사는 '大統領'을 한 꾸러미로 묶어 식자했다고 한다. 군 장성 출신 대통령 시절, '대통령'에서 '통' 자가 빠져

'대령'으로 인쇄될 뻔했는데 교정 단계에서 바로잡았다는 이야기도 있다. 어떤 작가가 책에서 버젓이 살아 있는 사람을 죽었다고 기술해 시중에 배포된 책을 수거하고 다시 인쇄했다는 치명적인 실수담도 들은 바 있다. 이런 이야기를 들을 때마다 그것이 남 일처럼 생각되지 않는다. 자신의 실수나 잘못이 명백하게 드러나는 순간의 낭패감이여!

조선 시대에는 국가가 교서감과 서적원이란 기관을 두고 서책 간행을 관장했다. 원문 교정 작업에도 많은 신경을 썼으나 착오가 끊이지 않았다. 중종 때에 이르러서는 잘못이 있는 경우 담당자를 처벌하는 벌칙 조항까지 제정했다. 1573년 교서감에서 을해자로 《내훈》을 중간했는데, 인쇄 상태가 정밀치 못한 점을 비롯하여 많은 문제가 생겨 관원과 장인이 이 법령에 따라 처벌되었다고 한다. 법령집 《대전후속록》에 수록된 철저한 교정을 위한 법규를 보면, 감인관 이하 관원은 매권에 오자 1자가 있으면 곤장 30대에 처하고, 합쳐서 5자 이상이면 파면했다. 지금과는 문화적 패러다임이 다른 시대지만, 그 문책이 절대 가

법지 않았던 것 같다. 나의 현재 상황을 그 당시로 옮겨 놓는다면, 끊이지 않는 곤장으로 몸은 아마 만신창이가 되었거나 오래 버티지 못하고 자리에서 쫓겨났을 것이다. 생각만 해도 끔찍하다.

우리말의 정확한 표기를 목적으로 정해 놓은 어문규정에는 한글 맞춤법, 표준어 규정, 외래어 표기법, 로마자 표기법 등이 있다. 맞춤법에 속하는 띄어쓰기, 문장부호, 정확한 문장 쓰기까지 더하면 어문규정이 복잡하고 어렵기가 이루 말할 수 없다. 여기에다 국립국어원 표준국어대사전의 융통성 없음은 짜증스럽기까지 하다. 이러한 규정에 맞게 오차 없이 우리글을 쓰는 일은 거의 불가능에 가깝다. 왜 이처럼 복잡한 규정을 만들어 국어 표기를 통제하려고 하는가. 디지털 매체나 젊은 세대에 의해 만연되고 있는 국어 표기의 해체가 언중의 의사소통에 심각한 문제를 불러일으키는 것은 아니다. 한국어를 모국어로 사용하는 사람에게 표기의 작은 오류는 실용적 측면에서 문제될 것이 없다. 그런데도 언어 공동체가 규정에 따른 정확한 표기를 요구하는 것은 그것이 소통이란 실용성보다는 이념적 차원에 닿아 있기 때문이다. 근원적 이유는 정확성을 지향하는 문자의 속성과 문자 문화의 관성이 아니겠는가.

　내가 발간하는 잡지에서 한 수필가의 이름을 오기하고 말았다. 교정을 도와주는 사람이 잘못을 수정해 주었는데도 최종 교정을 책임지는 내가 그것을 거들떠보지도 않았다. 머릿속에 그의 이름이 처음부터 잘못 입력되어 있었던 것이다. 이름도 가끔 들었고 한두 번 만난 적도 있었는데 말이다. 이름 표기가 잘못된 것은 그렇다 치고 평상시에도 그의 이름을 제대로 기억하지 못한 점이 미안했다. 내가 그의 입장이 되었다면 무시당한 것 같아 크게 서운했으리라. 일단 전화로 죄송하다는 말을 전했다. 그런데 그의 답이 고마웠다. 있을 수 있는 일이니 전혀 개의치 말라며, 오히려 글을 실어 주어서 고맙다는 인사까지 하는 것이 아닌가. 직접 만날 기회가 있어 내 실수에 대한 미안함을 전했는데, 마찬가지로 나를 오히려 위로해 주었다. 그간 내 글이나 남의 글에서 표기의 작은 오류를 두고 너무 까다롭게 반응하지는 않았는지 나 자신을 되돌아보는 계기가 되었다.

실수에 대한 너그러운 수용도 필요하지만, 어쨌든 문자 표기는 정확해야 한다. 문자는 종이에 고정되는 순간 더는 수정할 수 없다. 구술언어와는 달리 인쇄물에서는 문자가 전부를 말한다. 문자의 정확한 표기는 절대적으로 필요하다. 인쇄되기 전에 완벽하게 정확성을 확보해야 한다. 문자 기록의 이러한 확정성을 상징하는 것이 바로 금석문자가 아니겠는가. 정확성은 문자 표기의 생명이고 본질이다. 교정에 매달리는 이유도 여기에 있다. 어쩌면 오탈자가 없고 문법에 맞는 정확한 텍스트를 생산하는 일은 신을 경배하는 의식과 같을지 모른다. 글을 쓰거나 책을 만드는 사람은 문자의 신을 섬기는 존재이다. 나도 그중 한 사람이다. 신을 섬기는 일은 '왜'라는 이유나 논리 너머에 있다. 디지털 시대가 본격적으로 전개되면서 나의 신은 조금씩 신성을 잃고 있다. 그렇다고 내가 섬겨온 신을 버릴 수는 없다. 나는 오늘도 그 신 앞에서 갈 바를 몰라 헤매는 가련한 존재이다.

아침 잡샀니껴

"디비보면, 둘 다 같은 거지요." 비대면 랜선 강의 중 나도 모르게 뱉은 말이다. 퇴직 후 오랜만에 강의를 하다 보니 다소 흥분해서인지 어릴 때 사용하던 사투리가 무심결에 튀어나오고 말았다. 문제는 "죄송합니다. 사투리를 써서"라는 말이 자동으로 이어졌다는 점이다. 사투리라서 내용을 이해하지 못한 수강생이 있다면, 죄송하다고 말하고 그 뜻을 표준어로 정정하는 것이 마땅하다. 그런데 죄송하다는 말을 한 이유는 말뜻의 이해와는 상관없이 단지 표준어를 사용하지 않았다는 것 때문이었다. 강의 중 사투리 사용은 피하는 것이 바람직하나 그것이 큰 실수이거나 잘못은 아니다. 그런데도 사투리 사용에 대해 무의식적으로 사과하는 것은 표준어에 대한 누적된 강박관념의 결과인 듯하다. 오랫동안 표준어를 사용해야 한다는 강박증을 안고 살아왔다. 더욱이 교육 현장에서 국어 관련 교과목을 가르쳐 온 사람으로서 표준어 사용은 큰 부담이 아닐 수 없었다.

나는 경북 의성에서 태어났다. 고향 지역의 언어나 문화적 특색은 안동 지역과 크게 다르지 않다. 초등학교 때까지 산촌에 갇혀 살다가 중학교 때부터 대구로 와서 학교에 다녔다. 나의 의성/안동 지역 사투리는 표가 날 정도였다. 내 말투를 이상하게 여기는 친구도 있었다. 하지만 놀림감이 되지는 않았다. 대구 토박이 학생보다 경북 각 지역에서 온 학생이 더 많아 각양각색의 경상도 사투리가 전시장을 이루었기 때문이다. 서로 이상하고 낯설다는 생각은 했으나 엇비슷한 처지라 상대의 말씨를 놀림의 대상으로 삼지는 않았다. 책과 수업을 통해 표준어를 습득하고, 일상에서는 대구 사투리에 빠르게 적응해 갔다. 의식 속에는 고향 말을 버리고 표준어나 대구 말을 사용해야 한다는 원칙이 자리 잡았다. 방학 때 고향에 가면 친구들 앞에서 대구 말을 자랑삼아 사용하기도 했다. 하지만 태어나 처음으로 습득한 기층어는 쉽게 버릴 수 있는 것이 아니었다. 표준어 사용이란 단단한 강박의 표면을 뚫고 불쑥불쑥 고향 말이 튀어나오는 것은 어쩔 수 없었다.

30대 초반, 안동에 있는 한 대학에 교수로 가게 되었다. 고향으로 돌아간 셈이다. 무엇보다 안동 지역 사투리가 정겹게 다가왔다. 막혔던 말문이 확 트이는 것 같았다. 고향 말을 되찾은 것이다. 교실에서는 표준어를 사용하려고 노력했으나 교실 밖에서는 상황과 상대에 따라 고향 말을 자주 사용했다. 그간 사투리를 사용하지 말아야 한다는 억압에서 벗어나자 말하기가 편했다. 안동의 어느 공간에서도 나의 고향 말을 가로막는 방해꾼은 없었다. 오히려 사투리를 사용하면 고향을 물어오기도 하고, 같은 고향 사람이라고 더 정답게 대해주기도 했다. 잃었던 말을 되찾으면서 오랫동안 내 몸에 맞지 않은 옷을 입고 지내온 것 같았다. 이에 더욱 적극적으로 유년의 기층어들을 의도적으로 사용하기도 했다. 예를 들면 "점심은 잡샀니껴", "살펴 가시더", "그럼, 나는 가니더" 등이다. 어릴 때 동네 어른을 만나면 인사를 잘해야 한다는 말을 부모님으로부터 귀가 따갑도록 들었다. 좁은 동네 공간에서 같은 사람을 하루 몇 번을 만나더라도 만나는 족족 인사를 했다. 그 인사말은 대부분이 '식사했느냐'를 묻는 형식이었다. 어른에게 하는 인사는 "아침/점심/저녁 잡샀니껴"로 통했다. 막 달려가다가도 어른을 만나면 멈추어 서서 고개를 숙여 절을 하며 "아침 잡샀니껴"라고 인사했다. 내가 사용한 안동 방언 '-니껴형 어미'는 어른에 대한 예의와 함께 체화되어 있었다. 살아오면서 인사로 "안녕하십니까" 혹은 "안녕하세요"라는 말을 수없이 사용했지만, 이런 인사는 뭔가 가식적이고 형식적이라는 느낌을 주었다. 상대가 어떠했든 나는 그렇게 느꼈다.

방언은 표준어 밖에 있는 다양한 변종의 언어로서 사투리 혹은 지역어 등으로 명명되기도 한다. "지역이나 사회계층에 따라 차이를 보이는 한 언어의 분화체"가 방언이다. 좁은 의미에서 방언은 "어떤 지역이나 지방에서만 쓰이는 특유한 언어"를 지칭한다. '표준어규정'에 따르면, 그 사정 원칙은 "표준어는 교양 있는 사람들이 두루 쓰는 현대 서울말로 정함을 원칙으로 한다"라고 되어 있다. 이런 규정으로 말미암아 사투리는 교양 없는 사람이 사용하는 말이고, 표준어에 비해 열등하다는 편견이 널리 퍼져 있다. 표준어는 특정 시점에서 정해진 문법의 척도로 구체성이 없는 인공어에 가깝다. 그것은 언중의 의사소통 효율성을 높이기 위한 규범적 장치다. 반면 방언은 사전적 의미 너머에 있는 생활의 구체적 무늬를 드러낸다. 방언에는 언어의 개념보다 감각적 섬세함이 살아 있고 생활에 밀착된 민중적 정념이 묻어난다. 표준어는 국가를 단위로 언어 통일을 통해 의사소통의 효율성을 도모하기 위해 다양한 언어 현실을 균질화한다. 반면에 방언은 언중이 사용하는 언어 현실 그 자체. 통제되거나 가공되지 않았기 때문에 원형의 울퉁불퉁하고 거친 모습이 그대로 남아 있다. 이런 점에서 방언은 존재와 삶의 구체성을 드러나는 현실에 밀착된 말이다.

학교 현장에서 물러난 후 공식 석상에서 말할 기회가 점점 줄어들고 있다. 사적 모임이나 가족들과의 대면이 대부분이다. 말의 격식을 크게 차릴 필요가 없다. 그래서 편하다. 그 이완된 틈을 타고 어릴 때 습득하고 사용했던 말들이 불쑥불쑥 모습을 드러낸다. 사투리의 투박함과 정겨움을 맛볼 수 있어 좋다. 이런 말에서 그간 변두리로 밀려났던 또 다른 나를 만날 수 있기 때문이다.

고유의 이름을
불러 다오

 나는 학교 다닐 때 주위 또래나 반 아이들한테 '이름' 때문에 자주 놀림을 당했다. '재기'가 '제기차기'로 의미 전환되면서 말로 놀리는 데 끝나지 않고 어떨 때는 내 몸을 발로 차는 아이도 있었다. 여기다가 '신째기'라는 별명은 내 호칭이 되다시피 했다. 이 별명으로 나를 호칭하는 선생님도 더러 있었다. 이런 별명으로 적잖은 스트레스를 받았다. 그래서 나를 함부로 대하는 아이를 마음에 담아두었다가 언젠가는 보복하리라 벼렸다. 장난스러운 놀림을 넘어 괴롭힘으로 강도를 더할 때면, 분노가 치밀어 몸으로 맞서 싸우기도 했다. 하지만 이런 일이 수시로 일어나는지라 그때마다 정면 대결하기는 어려웠다. '현실원칙'을 택했다. 그들을 깊이 경멸함으로써 분노와 화를 가라앉히고 마음의 평정을 찾았다. 나에게는 강한 무기가 있었다. 상위권을 벗어나지 않는 학업 성적이 그것이었다. 나를 놀리는 아이들을 '공부 못하는 멍청이'로 깔보면서 무너지는 자존감을 세웠다. 그런데 반복되는 이런 방어기제는 어느새 고질적인 편견을 키웠다. 이름을 왜곡하여 별명을 붙여 놀리거나 유사한 말소리로 의미를 변형시키는 말장난을 지나치게 경멸했다. 그것은 무의식으로 잠재하다가 기회가 주어지면 강렬하게 분출했다. 맹목적 적개심에 가까웠다. 과잉 반응임을 알지만 자제하지 못했다.

'재기'를 '제기차기'로, 혹은 '신재기'를 '신째기'로 변형시키는 것은 넓게는 언어유희에 해당한다. 일상에서 말장난은 유쾌한 놀이고, 더러는 시대상을 반영하거나 풍자의 기능을 수행하기도 한다. 고정된 말의 문법을 위반하는 말장난 가운데에서 창의적 사유와

시적 상상력이 생겨날 수도 있다. 말을 특정한 틀에 가두지 않고 자유로운 공간에 풀어놓았을 때 그 말은 의외의 생기를 발산한다. 문제는 그것이 언어유희 수준에서 벗어나 한 사람의 인격을 훼손하는 경우이다. 유치한 말장난을 접할 때마다 나는 잠재되었던 분노를 터트렸다. 통제되지 않는 이 신경증에 가까운 분노가 편협함에 기인한다는 것을 모르는 바 아니다. 하지만 여기까지 오게 된 데에는 또 다른 하나의 결정적인 계기가 있었다. 아들의 이름이 '신창민'인데, 아이가 초등학교 다닐 무렵에 희대의 탈옥범 '신창원'으로 온 나라가 떠들썩했다. 당시 아들은 이름 때문에 괴롭힘을 당했다. 이에 '신창민'과 '신창원'을 연결 짓는 우매함과 유치함에 격분했다. 학교 재임 시절에 이런 식의 말장난을 유머로 착각하고 남발하는 동료 교수가 있었는데, 면전에 대고 그를 가차 없이 비난한 적도 있다. .

내 나이 또래만 해도 이름의 한자 의미를 음보다 우선했다. 부르기 편한 것보다는 내포된 의미를 앞세웠다. 부모가 지었든 사주 명리학에 밝은 전문 작명가가 지었든 간에 이름의 요체는 한자의 뜻이었다. 대체로 작명가는 험난한 인생을 지혜롭게 살아가는 데 지표가 될 수 있는 예언적 의미를 이름에 담으려 한다. '실을 재載'와 '터 기基' 자가 내 이름이다. 한자를 깨우치고 나서 나름대로 뜻을 새기면서 이름을 지어 준 사람의 의도를 유추해 보았다. '재'는 수레에 물건이나 재물을 싣거나 무엇을 쌓는다는 의미가 아닌가. '기'는 토대와 기초라는 뜻이다. 낱낱으로 보아도 긍정적인 의미가 넘쳐난다. 두 말을 하나로 연결해도 나무랄 데 없는 의미 조합이 이루어진다. 재산이든 지식이든 습득하고 쌓아서 기초를 튼튼히 한다는 뜻이다. 튼튼한 토대 위에 무엇인가를 차곡차곡 쌓아간다는 뜻도 가능하다. 이름대로 내 인생이 전개되지는 않았으나 처음 '재기'라는 이름을 지은 사람은 한 인간의 미래에 대한 희망적인 메시지를 담으려고 했음이 틀림없다.

지금껏 살아오면서 어릴 적에는 적잖은 놀림을 당했으나 이름을 바꾸고 싶다는 생각을 한 적은 한 번도 없었다. 오히려 주어진 이름을 소중히 지켜야 한다는 생각이 더 강했다. 그래서인지 내 이름을 로마자로 표기할 때도 한 자 한 자의 독립된 의미를 살려야 한다는 뜻을 굽히지 않았다. 결과, 'Jae-gi'가 아니라, 'Chae-ki'로 표기했다. 그런데 2000년대 디지털 시대에 들어오면서 내 이름의 진가가 나타나기 시작했다. 어릴 적 많은 놀림을 받은 데 대한 신의 보상이라는 생각이 들 정도다. 인터넷에서 이름을 검색하면 금방 나를 보여준다. 인터넷 서점에 들어가서도 '신재기'를 입력하면 내 저술이 일제히 반갑게 얼굴을 내민다. 허수의 정보가 적기 때문이다. 인터넷 검색에서 이름이 겹쳐 불편을 겪는 사람에 비하면 이 얼마나 엄청난 행운인가.

별명으로 마음이 크게 상한 것은 어린 시절의 이야기지만, 그때 받은 상처 때문인지 이름을 두고 말장난하거나 그것을 왜곡하는 데 대한 격한 반감은 여전하다. 이와 함께 한 존재의 이름은 그것대로 고유하고 존엄하기에 훼손해서는 안 된다는 생각이 더욱 굳어졌다. 어떤 식으로든 사람 이름을 놓고 부박浮薄한 말장난을 즐기는 사람을 지금도 여전히 경멸한다. 그런데 유연하지 못한 이런 나의 태도가 근래에 와서는 엉뚱한 데로 불똥이 튀고 말았다. '수필隨筆'의 장르 인식에서 '붓 가는 대로'라는 전제를 청산하지 못하고 있다는 점에 대한 못마땅함이 그것이다. 답답하고 아쉽다. 이는 이름을 두고 장난삼아 별명을 부르며 상대를 깔보는 것과 다를 바 없기 때문이다. 20세기에 들어와 문학의 한 장르로 사용하게 된 '수필'은 고문헌에 등장하는 '수필'이나 동양 고전 서명에 붙은 '수필'의 뜻과는 전혀 다르게 '붓을 따른다'는 뜻으로 변형되고 말았다. 동양 고문헌에서 수필은 "수시로 그때마다 기록하다, 혹은 정확하지 않지만 생각한 바를 기록한다"는 뜻으로 사용되었다고 한다. '붓 가는 대로'라는 변형된 개념은 '무형식의 형식, 형식이 자유로운 문학, 누구나 쉽게 쓸 수 있는 글'이란 잘못된 뜻으로 들불처럼 번져 수필을 시와 소설보다는 수준 낮은 문학이란 인식을 굳히는 데 결정적인 빌미를 제공하고 말았다. 100년 역사의 현대수필은 '붓 가는 대로'라는 잘못된 자구 풀이 때문에 다른 문학 장르로부터 따돌림을 당해 왔다. 아직도 수필은 문학의 성안으로 진입하지 못한 채 언저리에서 서성이고 있는 형편이다. 안타깝기 그지없는 일이다.

　말은 한곳에 고정되어 머물지 않는다. 역사의 흐름에 따라, 사회문화적인 환경에 따라 다양한 모습으로 변화한다. 언중은 말의 본래 모습을 고수하기보다는 변화를 갈구한다. 새로운 문물을 담기 위해 새 그릇을 만들기도 하지만, 주어진 말의 뜻을 엉뚱한 방향으로 뒤틀기도 한다. 이러한 변화가 특정 대상의 진실을 왜곡할 때도 있다. 존재를 명명하는 신성한 언어가 오히려 존재를 폭력적으로 규정하고 만다면, 언어는 없는 것만 못하다. 때에 따라서는 묵언과 초언어가 요구되는 이유도 여기에 있지 않겠는가. 타인에 의해 명명되는 내 이름이 나를 언제나 비껴가는 것을 알지만, '나'는 나에게 걸맞은 이름을 가진 고유한 존재이다. 나를 비켜난 별명을 부르지 말고, 내 고유의 이름을 불러 다오.

좀 덜
까불지

 어느 문학관 담당자가 세미나에 토론자로 참석해 주기를 요청해 왔다. 사정이 있어 어렵다는 뜻을 전했다. 불가한 이유를 설득력 있게 전달하기가 어려워 궁색한 핑계만 늘어놓고 말았다. 거절하는 내 태도에 마음이 편치 못했을 텐데도, 그는 다음에 기회가 되면 관심을 가져 달라면서 인내심을 발휘했다. 내심 미안했다.

 퇴직할 무렵 어느 시점부터 다짐하고 다짐했다. 다

른 사람 앞에 내 얕은 지식과 생각을 드러내는 일을 자제하겠다고. 특히 문학 관련 심사나 강의는 가능하면 하지 않겠다고. 하지만 쉽지 않았다. 오랫동안 벌여놓은 일도 있고, 얽힌 인간관계로 간혹 심사에도 참여하고 강의도 깨끗하게 손 털지 못하고 있는 형편이다. 더군다나 올해부터는 회원들로부터 회비를 받아 발간하는 잡지의 발행인 책무를 맡았다. 회원에게 고맙다는 뜻으로 시작한 강의가 지금은 일상의 중심이 되고 말았다. 그러나 오래 끌고 가지는 않을 생각이다. 글 쓰고 강의하는 일에 매여 살아온 삶이 아니던가. 어찌 그 일을 한순간에 벗어던질 수 있겠는가마는 실행에 옮기려고 무진 애를 쓴다.

교수 혹은 전문가라는 이름을 등에 업고 남의 작품을 함부로 심사했던 나 자신을 돌아볼 때마다 마음의 가책을 느낀다. 알량한 지식, 일천한 경험, 왜곡된 논리를 앞세워 아래를 내려다보는 태도로 남의 작품을 멋대로 재단하지는 않았던가 하는 생각을 지울 수가 없다. 평론가로서 평문을 집필할 때도 그랬다. 특정한 문제에 관해 한 치의 주저도 없이 논리를 펴는 단호함은 어디서 온 것인가. 겉으로 명징하게 드러나는 현상 너머에는 불가지한 심연의 세계가 있음을 인식지 못한 채 말이다. 무지가 낳은 만용이 아니던가. 평가하는 내가 평가받는 그들보다 더 낫다고 어떻게 말할 수 있겠는가. 사회 제도가 부여한 자리를 실력으로 착각하고 오만함에 젖어 지내왔는지도 모른다. 그러면서 한 점 부끄러움도 느끼지 못했다면, 그 얼마나 뻔뻔스러운 태도였던가.

강의도 마찬가지였다. 진실에 대한 확신도 없이 오염된 감정과 욕망의 언어를 태연하게 내뱉었다. 강의에 푹 빠지면 나 자신을 돌아볼 겨를이 없었다. 열정을 가지고 무엇을 설파하는 것은 아름답고 숭고할 수도 있다. 그것이 심연에서부터 우러나는 진리의 샘물일 때는 그렇다. 하지만 그 열정 뒤에는 초라하고 비루한 내 실체가 도사리고 있었다. 그것을 감추기 위해 더욱더 나 자신을 드러내려고 했던 것이 아닌가. 그렇다면 위장이고 허위다. 말을 쏟아내면 낼수록 내 존재는 점점 가벼워진다는 것을 깨닫지 못한 채 말로 신명을 풀었다. 사실과 진리에 다가간다는 명분을 내

걸었으나 강의에는 내 자랑이 밭고랑을 이루었고, 비천한 욕망이 얼룩처럼 배어 있었다.

  어릴 때 선친은 다소 미간을 찌푸리며 나에게 '좀 덜 까불지'라는 말을 종종 했다. 일상의 언행을 지켜보다 과하다 생각되면 던지는 충고였다. 지금까지도 기억하는 선친의 유일한 말이다. 예순 나이를 넘어서야 이 말을 제대로 새겨들을 수 있었다. 사려 분별을 앞세워 자식을 훈육하는 일을 나름대로는 실행했을 터지만, 그 어떤 가르침보다 '덜 까불지'라는 선친의 이 한마니 나무림이 훗날 자식의 가슴을 진하게 울렸다. 진중치 못하고 지망한 아들의 언행이 걱정되었으리라. 경망스럽게 행동하지 말고, 하찮은 자만심을 버려야 한다는 뜻이 아니겠는가. 어른이 되어서도 겸허함으로 자신을 낮추고 제어하기보다는 다른 사람의 문제점을 꼬집고 비판하는 일에 열중했다. 나는 바르고 정의롭다는 독선에 갇혀 툭하면 세상을 탓하고 남을 비난하지 않았던가. 뒤돌아보면 그간 얼마나 까불며 살았던가.

'까불다'는 말은 곡식 등을 키에 담아 위아래로 가볍고 빠르게 흔들어 쭉정이나 검불 따위를 바람에 날려 보낸다는 뜻의 동사이다. 여기서 의미가 전이되어 그 행동거지가 가볍고 방정맞고 건방지고 주제넘음을 일컫는다. 자기 분수를 모르고 건방지게 구는, 경망스러운 언행을 비유적으로 표현하는 말이다. 진중하지 못하고 언행이 가벼운 사람, 자신을 내세워 자랑을 일삼는 사람, 좀 알고 가졌다고 남을 무시하거나 함부로 판단하는 사람, 자기 주제를 제대로 파악하지 못하는 건방진 사람 등을 나무랄 때 '까불지 마라'는 말을 사용한다. 물론 '덜 까불지'라는 말은 아들 훈계로는 다소 거칠다. 훈육보다는 야단에 더 가깝다. 그러나 오랜 세월 뒤 어느 한순간 이 말은 아들에게 무겁게 다가왔다. 그 의미를 좀 더 일찍 깨달았다면 좋았을 것을.

이문열의 소설 〈금시조〉의 등장인물 '고죽'은 예술적 재능이 출중한 화가였다. 서화에서 '도'를 중시하는 석담이란 스승 밑에서 박대를 받으며 성장한 고죽은 스승에 대한 애증이 증폭되자 석담 곁을 떠나 자기의 길을 걷는다. 스승의 도학적 예술관에 맞서 예술의 본질적 지향은 예술 그 자체임을 강조한다. 그는 스승을 부정하고 자기 관점과 이상을 표출하며 왕성하게 활동하는데, 말년에 이르러 자기 작품을 남기지 않고 불태운다는 것은 무엇을 뜻하는가. 작가가 의도한 주제는 석담과 고죽의 대립하는 두 예술관의 변증법적 통일이다. 하지만 이 의도된 관념적 주제를 떠나 한 예술가의 자기 삶에 대한 회한이나 반성 정도의 상식적인 해석이 훨씬 더 진한 울림을 줄 것 같다. 완벽하다고 믿었던 자신에게서 균열을 발견할 때 밀려드는 회한과 허적이, 그리고 자기를 지움으로써 완성의 가능성을 찾는 자기 부정의 비극성이 인간을 인간답게 만들기 때문이다.

지난날 뱉었던 그 많은 말이 무엇을 위한 것이었던가. 대부분이 일상을 살아가면서 피할 수 없긴 하지만, 어쩌면 내 존재의 너절함을 변명하고 못난 면을 감추려는 속임수였는지도 모른다. 자기 분수도 모른 채 말로 금자탑을 쌓겠다며 당당하고 의연한 척했던 그 허영이 이제 비수로 되돌아와 가슴에 꽂힌다. 〈금시조)의 고죽이 자기 그림을 모두 찾아내어 불태웠듯이 지난날 뱉은 그 허접한 말들을 끌어모아 한꺼번에 폐기할 수 있다면 얼마나 좋으랴. 불가능하지만 좀 덜 까불어야 하지 않겠는가. 지금 '까불지 말자'며 다짐하고 다짐하면서도 여진히 까불고 있는지 모른다. 죽음이 목전에 이르면 까불지 않을 수 있을까. 이제 남은 길은 "말로 표현할 수 없는 것에 관해서는 침묵해야 한다"는 비트겐슈타인의 언명을 따르는 일이다. 이것인들 어디 쉽겠는가마는.

순박한 언어가
목마르다

 결혼한 딸이 구미에 살다가 우리 동네 가까운 연경동 아파트로 이사 왔다. 처음으로 찾아갔다. 아파트 벽면에 크게 적힌 '예미지'라는 이름이 정겹게 느껴졌다. 무슨 뜻인지 궁금증을 안고 주차장으로 들어가려는데 'PARKING'이란 영어가 좌우에 'IN/OUT'과 함께 떡하니 버티고 있었다. 그 옆에는 'INFORMATION'이란 표기가 지나가는 나를 노려보았다. 그 순간 원인 모를 분노 같은 것이 솟아올랐다. 우리 일상에서 이러한 영어 사용이 어제오늘의 일이 아닌데도 말이다. 20년 넘게 살아온 우리 아파트 이름도 '리버파크'가 아닌가. 내가 만드는 잡지 《수필미학》을 구독자에게 우편으로 보낼 때마다 한국 수필가는 전부 외국어 이름이 붙은 아파트에서 살고 있다는 착각에 빠진다. 도시에 빽빽이 들어선 건물의 전면에는 온통 영어 간판이다. 아예 로마자로 표기된 것도 수두룩하다. 일상생활이나 대중매체가 사용하는 외래어는 또 얼마나 많은가. 어느 텔레비전 방송에서 '훈민정음 탁구대회'란 예능 프로그램을 본 적이 있다. 경기 중에 외래어를 사용하는 팀은 그때까지 얻은 점수를 몽땅 잃어버리는 규칙을 적용하는데, 시합은 연신 처음으로 되돌아가곤 한다. 우리의 언어 사용에 외래어가 얼마나 넓고 깊게 침투해 있는지를 잘 말해 주는 대목이다. 분노가 어느새 허탈함과 부끄러움으로 바뀐다. 어찌하랴, 이 거대한 흐름을.

40여 년간 한국어와 한국문학을 가르치면서 기회 있을 때마다 한글의 우수성이나 국어순화를 입에 올렸다. 마치 애국과 민족애의 사도처럼 허세를 부리기도 했다. 물론 순수한 사명감 같은 것도 있었다. 나는 한국 현대문학을 전공했다. 그것도 1920~30년대 일제강점기 문학이었다. 어느 순간 공부의 한계가 분명해졌다. 일본어를 외면한 결과였다. 시험에 통과하려고 시간을 투자했던 영어, 독일어, 중국어 공부는 학문하는 데 별 도움을 주지 못했다. 일제강점기 한국문학을 제대로 연구하려면 일본어로 된 기록과 연구물을 깊이 독해할 수 있어야 한다는 점을 미처 깨닫지 못했다. 늦었다. 왜 일본어를 외면했던가. 1970년대 대학에 들어갔을 당시 국문학도는 일본어를 배워서는 안 되는 것으로 여겼다. 민족에 대한 배신이라는 무의식이 작동했던 것 같다. 얼마나 허무맹랑한 태도이고 허술한 이데올로기인가. 얼마나 밋밋한 '국뽕'인가. '신자유주의' 혹은 '글로벌'이란 개념이 확산하면서 국어순화는 한글날 무렵에나 언급되는 의례적인 구호에 지나지 않았다. 지금은 어떤가. 국어순화를 입에 담는 순간 '국뽕', '라떼', '시대착오' 등등 온갖 공격이 쏟아질 것이다.

우리 동네의 행정상 명칭은 '서변동'인데, 이 지역의 원래 이름은 '무태無怠'이다. 딸이 이사 온 동네는 무태와 인접한 '연경研經'이다. 연경에서 북동쪽으로 인접한 동네는 신숭겸 장군의 유적지가 있는 '지묘智妙'이다. 팔공산 자락에 있는 이 일대는 왕건의 고려군과 견훤의 후백제군이 전투를 벌였던 곳이고, 지명 대부분이 이와 연관되어 붙여진 것이다. '무태'는 왕건이 이곳을 지나는 길에 주민들이 밤늦게까지 열심히 일하는 모습을 보고, 연경은 선비들의 경 읽는 소리를 듣고 붙인 지명이라고 한다. 팔공산에서 발원하여 이곳을 흐르는 내가 동화천桐華川인데, 옛 이름은 '살내'이다. 고려군과 후백제군의 전투에서 화살이 내를 가득 메워서 붙여진 이름이라는 설이 있다. 이처럼 이 지역은 역사와 밀접한 관계가 있는 공간이다. 이러한 공간이 도시개발로 아파트가 숲을 이루는 신도시로 변모했다. 그 과정에서 아파트의 이름과 건물에 부착된 많은 간판이 온통 외국어 표기로 바뀌었다. 이 지역 아파트 이름이 아이파크, 아이위시, 로제비앙더퍼스트, 아이유쉘포레스트, 뉴웰시티디어포레 등인 점이 이를 잘 말해 준다. 딸아이가 입주한 아파트는 이 동네에서 유일하게 우리말 이름을 붙인 '예미지 숲속의 아침'이다. 그런데 몇몇 젊은 입주자 중에는 외국어 이름을 붙이지 않았다고 불평하는 사람이 있다고 한다. 특정 장소는 시간의 흐름으로 생성된 의미와 가치의 공간이다. 그런데 그 장소의 의미를 깡그리 묻어버리고 이처럼 외국어로 도배한 까닭은 무엇인가. 개발의 실용적 논리와 자본의 힘을 뛰어넘기 어려운 시대지만, 때로는 밋밋한 '국뽕'이 주체성과 품격을 지키는 푯대가 될 수도 있으리라.

'주차장' 대신 'PARKING'으로, '관리실'이 아닌 'INFORMATION'으로 표시하는 속내를 도대체 이해할 수 없다. '주차장'이나 '관리실'도 한자에서 온 말이기에 순수한 우리말이 아닌 점은 'PARKING'이나 다를 바 없다는 것인가. 글로벌 시대, 영어는 세계 공용어나 마찬가지다. 국가 간 경쟁에서 이기려면 영어를 능통하게 구사하는 것은 필수적이다. 한때 영어 공용화가 우리 사회의 쟁점이 되기도 했다. 영어 교육에 들어가는 비용 절감, 경쟁력 있는 인재 양성 등을 그 이유로 들었다. 사실 언어 중력 이론에 의하면 영어는 '초중심 언어'로서 다른 하위층위의 언어를 블랙홀처럼 빨아들인다. 즉 모든 언어는 자신보다 더 강한 힘을 가진 언어를 지향할 수밖에 없다. 언어 사용도 문화적 경향이고, 시대에 따라 변화하기 마련이다. 정책으로 통제하기보다는 자연적 흐름에 맡기는 것이 바람직하다. 영어가 대세인 이 시대에 아파트에 외국어 이름을 붙이고, 주차장을 'PARKING'으로 표시하는 것이 뭐가 그리 문제냐며 항의한다면 할 말이 없다. 역사적 전통, 주체성, 고유한 정체성보다는 밥과 돈이 우선되는 세상임을 잘 안다. 하지만 언어가 단지 정보를 전달하는 수단으로만 기능하는 것은 아니다. 생각을 생산하고 사고 방식을 형성토록 하는 것이 언어다. 조지 오웰은 "생각이 언어를 타락시킨다면 언어도 생각을 타락시킬 수 있다"라고 했다.

지금 우리에게는 실용성을 추종하는 기술과 자본, 상투적이고 얄팍한 유행과 허영, 정파적 이념, 기계적 알고리즘의 조야함에 저항하는 언어가 절실하다. 삶의 구체성과 토착성이 묻어나는 언어, 대지가 품안는 햇빛과 비와 바람의 언어, 돈에 속박되지 않은 순박한 사람의 언어가 목마르다. 이런 것이 바로 '시적 언어'이고 '문학의 언어'가 아니겠는가.

클리셰
균열 내기

 상제로서 문상객을 맞을 때, 혹은 상가에서 상제에게 위로의 인사를 건넬 때, 대부분 어떤 말을 해야 할지 난감해한다. 사실 죽음 앞에 인간의 몇 마디 언어는 수사에 불과하다. 조문객의 말이 유가족에게 실제적인 위로가 되기는 어렵다. 그래서 예로부터 상가에서 상제와 문상객 사이 인사는 말 없는 묵례를 기본으로 여겨 왔다. 문상객은 고인의 죽음을 애도하면서 유가족의 슬픔을 위로하고, 상제는 문상객에게 고맙다는 마음을 전하는 데 말이 매개되면 그 본래

의도는 반감되기가 쉽다. 말은 불완전하다. 그러나 인간은 이심전심의 초월적 언어로만 살아갈 수 없다. 오해를 불러오더라도 말을 사용해야 한다. 말은 인간관계를 구체화하는 끈이기 때문이다. "슬픔이 크겠습니다, 고인의 명복을 빕니다, 찾아 주서서 고맙습니다, 감사드립니다" 등이 형식적인 말임을 알지만, 이를 사용할 수밖에 없다.

텔레비전 방송에서 자주 접하는 장면이다. 사회자가 한 출연자를 향해 응원의 말을 부탁하면, 대부분 '파이팅'이라고 한다. '우리말 겨루기' 프로그램에서는 '아자 아자'를 고수한다. '파이팅'은 영어 'Fighting'에서 온 말이다. 주로 운동 경기에서 선수끼리 잘 싸우자고 다짐하는 외침이다. 응원자가 선수에게 잘 싸우라고 외치는 말이기도 하다. 특정한 뜻을 지시하는 말이라기보다는 일종의 기합에 해당하는 감탄사다. 감탄사로 굳어진 마당에 어원을 의식해 굳이 '아자'나 '힘내자'로 순화해서 써야 하는가. '응원한다'는 속뜻은 그대로인데 말이다. 문제는 다른 데 있다. '파이팅'이 운동 경기를 벗어나 곳곳에서 유행어처럼 사용된다는 점이다. 외래종 물고기가 토종 물고기를 다 잡아먹는 꼴이다. 이 말의 전투적인 결의가 폭력적인 느낌을 줄 때는 이 말을 삼가야겠다는 생각이 들기도 한다.

알고 지내거나 잘 모르는 작가로부터 작품집을 자주 받는다. 어떤 작가는 책 면지에 정성 들여 사인까지 해서 보내온다. 아무리 책이 흔한 시대라고 하지만, 작가가 한 권의 작품집을 출간하기까지 얼마나 많은 노고가 있었는지 알기에 무응답으로 그냥 넘기지 못한다. 그래서 문자나 카톡으로 책 잘 받았다고 답을 하는데, 그 문구가 언제나 비슷하다. '고맙게 잘 받았다, 축하한다, 열심히 읽어 보겠다, 창작 열정에 감탄한다' 등의 말에 진심이 느껴지지 않는다. 상대도 마찬가지일 거다. 너나없이 생명 없는 말을 쏟아내는 데 길들어 있다. 책을 보내 준 사람의 마음을 헤아리며 좀 더 진정성 있는 말을 찾아내지 못한 데 대한 아쉬움이 늘 남는다. 이런 생각도 한순간뿐, 금새 상투적인 언어의 공간으로 회귀하고 만다. 우리는 "감사드린다, 고맙다"는 말을 너무 건성으로 사용하는 것 같다.

 앞에서 언급한 '고인의 명복을 빕니다', '파이팅', '고맙습니다' 등의 말은 의미 전달보다는 사회적 인간관계를 유지하고 개선하는 기능을 한다. 이런 언어의 기능을 '친교적/사교적 기능'이라고 한다. 날마다 만나는 사람인데도 그때마다 "안녕하세요, 좋은 아침입니다" 등의 말로 인사를 건넨다. 어른에게는 더욱더 예를 갖추어 인사하고 안부를 묻는다. 연인이나 부부 간에는 수시로 "사랑한다"라고 말한다. 이 같은 친교를 위한 언어는 거의 고정되어 있다. 그리고 사회적 유대감을 확인하는 말인 만큼 의미 측면에서 보면 빈말에 해당한다. '안녕하십니까'라는 인삿말은 그 사람의 실제 건강상 안녕 여부를 묻고 확인하는 것이 아니기 때문이다. 비록 빈말이지만, 이런 말은 개인의 윤리적 태도와 직결되므로 조심스러울 수밖에 없다. 또한 상대 감정을 배려해야 하므로 말하는 자에게 부담을 준다. 그 부담을 줄이려고 언중은 무의식적으로 통용되는 굳어진 말을 선택한다. 하지만 여기에는 개인의 창의적 언어가 자생할 틈이 없다.

말은 효율적인 의사소통을 지향한다. 소통에 방해되는 곁가지를 잘라내고 흔들리지 않도록 한곳에 묶어 두려고 한다. 문법이나 음운법칙의 기저에는 언어 경제원칙이 작동하고 있다. 말이 한곳에 고정되면 생각과 감정도 단순해진다. 현대 디지털 시대 언중은 복잡한 정보를 단순화시켜 빨리 처리하려고 한다. 그 결과 삶과 현실에 대해 깊이 사색하고 통찰하는 능력을 잃어가고 있다. 편하다고 틀에 박힌 언어를 답습하는 데 그치면 세계를 고정된 관점으로 재단하기 쉽다. 클리셰(cliché, 틀에 박힌 표현)에 균열을 내고 창의적 사고와 감정을 불어넣어야 한다. 친교적 기능의 말은 굳어져 있어 개인의 힘으로 재창조하기에는 한계가 분명하다. 하지만 이 한계 인식이야말로 클리셰 균열 내기의 출발선이 될 수 있다.

↘ 합당한 근거 없이 다가오는 다른 사람의 칭찬으로 잠시 위안을 얻는 나를 발견할 때면 무단히 슬퍼진다. 그 슬픔은 나 자신에 대한 부끄러움과 미움으로 이어지기도 한다.

-〈고래를 춤추게 하는 칭찬은 싫다〉에서

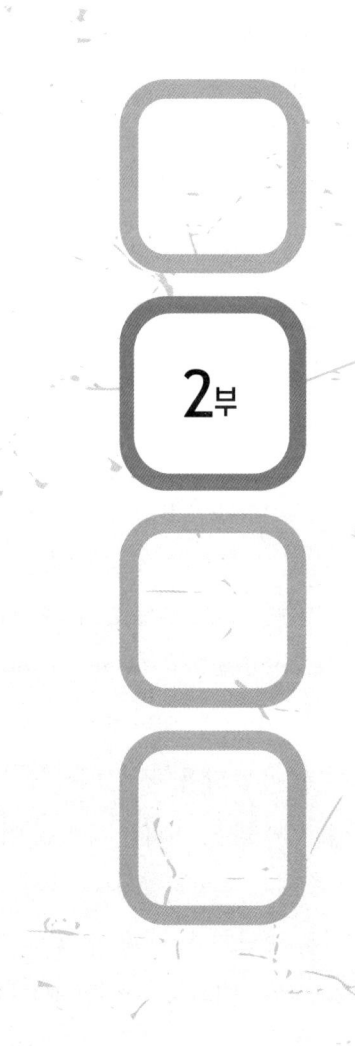

‘먹다’의
품격

자영업을 하는 그는 영업상 이익과 관련하여 ‘먹다’는 말을 자주, 주저 없이 사용했다. "이번 달에는 좀 많이 먹었습니다", "이거 팔아봐야 먹을 게 별로 없습니다", "이 건은 먹어 봐도 얼마 안 됩니다" 등이 그것이다. 이런 말을 들을 때마다 기분이 유쾌하지 못했다. ‘먹다’라는 어휘가 특별한 이유 없이 거슬렸다. 상행위에서 투자한 것보다 수입이 더 생길 때는 주로 ‘이문을 남기다’, ‘돈을 벌다’, ‘이익을 얻다’ 등으로, 투자보다 수익이 적으면 ‘손해보다’, ‘밑지다’와 같은 말을 사용하는데, 그의 경우는 이례적이었다. 다의어인 '먹다'는 '이윤을 남기다'는 뜻으로도 사용된다는 점에서 그의 표현이 잘못된 것은 아니다. '먹다'는 '음식을 먹다'가 원형 의미인데 일상에서 다양하게 그것이 확장되어 사용된다. 특히 뇌물을 먹다, 욕을 먹다, 벌점을 먹다, 남의 재산과 돈을 먹다, 겁을 먹다, 골탕을 먹다, 벌레 먹다, 더위를 먹다, 귀가 먹다 등과 같이 부정적 의미로 사용되는 빈도도 높다. 그런 탓인지 다듬어지지 않고 불쑥 사용되는 '먹다'라는 말에는 인간의 본능적 충동이 원색으로 드러나는 듯하다.

'먹는 것'은 사람에게 필수적이다. 인간이 살아가는데 기본이 되는 세 가지를 '의식주'라고 하지 않는가. 먹지 않고 인간은 살 수 없다. 그래서 '먹다'와 '살다'가 결합한 '먹고살다'는 말의 의미는 '실존은 본질에 앞선다'는 사르트르의 언명처럼 모든 가치와 관념에 앞서며, 그 자체가 존엄하기까지 하다. 누구나 '먹을 복'을 타고난 것은 아니지만, 누구에게나 먹고살 권리는 천부인권과 다를 바 없다. '밥 먹을 때 개도 안 건드린다'는 속담은 먹고사는 일이 얼마나 소중한 것인가를 잘 말해준다. '금강산도 식후경'은 삶에서 먹는 것이 우선순위라는 뜻이다. 세상살이가 힘들 때 내뱉는 말이 '먹고살기 어렵다'가 아니던가. 관계를 돈독히 할 요량으로 "우리 언제 밥 한끼 합시다"라고 인사를 건넨다. 밥 먹는 일은 생존을 넘어서서 좋은 인간관계를 유지하는 데도 효율적인 고리 역할을 한다. "먹고 죽은 귀신은 때깔도 좋다"는 말은 가히 먹고사는 일의 무게를 드러내는 끝판왕이라 할 만하다. 하지만 "먹을 것을 보면 세 치를 못 본다"라고 했다. '먹는 것'에 대한 욕심을 자제하기 어렵다는 뜻이다. 이는 '먹고살다'가 탐욕의 색깔을 띠면 추해진다는 점을 경계하는 말이 아닌가 한다.

어릴 적 부모님의 밥상머리 훈육은 진절머리가 날 정도였다. 반복되는 잔소리를 들으면서 부모님이 나를 미워하는 것은 아닌가 하는 의구심이 일 때도 있었다. 어른이 먼저 숟가락을 든 후에 밥을 먹어라, 한꺼번에 많은 음식을 입에 넣지 마라, 흘리지 마라, 밥알 하나까지도 깨끗이 먹어라, 소리 내어 씹지 마라, 한손에 숟가락과 젓가락을 같이 들지 마라, 간장이나 된장을 먼저 떠먹고 밥을 먹어라, 걸신들린 것같이 먹지 마라 등등의 말은 매번 밥맛을 반감시켰다. 무엇보다도 밥투정은 절대 금물이었다. 그 금기대로면 밥 먹는 일은 거룩한 의식을 치르는 수준이었다. 더욱이 어머니는 내가 식탐을 내면 크게 야단을 쳤다. 당시 대부분의 어머니는 동네 잔칫집이나 상갓집에서 일을 봐 주다가 자식들을 불러 구석진 장소로 데리고 가 음식을 챙겨 먹였다. 그런데 우리 어머니는 그러지 않았다. 어쩌다가 주위에 내가 얼쩡거리면 마지못해 떡이나 부침개 따위를 손에 쥐여 주었으나 집에 오면 꼭 훈계의 말을 빠트리지 않았다. 그것은 어떤 깊은 뜻이 있어서라기보다는 가난하지만 자존심을 지켜야 한다는 어머니 자신의 오기에 불과했다. 그러나 지금 생각해 보면, 어머니의 이런 태도는 나에게 적잖은 영향을 미쳤던 것 같다.

2020년대 지금 세상은 어떠한가. '먹기'는 생존의 기본 조건이라는 엄숙함을 벗어나 즐김이나 유희의 품목이 되었다. 먹는 것의 즐거움을 어떻게 극대화할 것인가에 온통 관심을 집중한다. 텔레비전 방송의 중요한 장르가 된 '먹방'이 이 점을 극명하게 말해 준다. 유튜브에서 먹방으로 큰 수익을 올린다니, 인간의 '먹기'는 이제 다른 차원으로 바뀌고 있다. 텔레비전 방송국은 '먹는 것'과 관련된 각양각색의 콘텐츠를 방영한다. 먹거리 이야기는 여행 관련 프로그램까지 점령한 형국이다. 대중문화를 이끄는 각종 영상 매체는 노래하고 춤추고 먹고 여행하고 건강 챙기는 이야기로 채워진다. 매체는 대중을 향해 '즐겨라'고 조언한다. 윤리, 이념, 공동체, 국가, 이웃 등은 허상에 불과하고 오직 남는 것은 나의 즐거움과 행복을 확정하는 일이라고 유혹한다. 마치 '즐김'이 인생의 최고 가치인 양 집단착각을 조장하고 있다. '즐김'은 '소확행'이란 가치관의 응원을 받아 현대 대중의 생활 철학으로 자리 잡았다. 그 중심에 있는 것이 아마 '먹는 것의 즐거움'이 아닌가 싶다.

생존과 건강한 삶을 위해 먹는 것에 관심을 보이는 것은 자연스러운 일이다. 그러나 이 '먹는 일'은 원초적인 욕망이기에 개인 차원의 '즐김'에 갇히게 되면 추한 본색을 드러낼 수밖에 없다. 현대인은 대부분

'즐겨라, 즐기자, 즐기는 것이 행복'이라는 주술에 빠져 있다. 프로이트의 이론에 따르면, '즐겨라'는 초자아가 자아를 소외시키고 이드의 무의식적인 충동을 부추기는 꼴이다. '즐김'이라는 몸의 언어가 도덕과 양심의 언어를 제압하고 있다. 자아가 '내면화된 금지'를 통해 무의식적인 충동을 제어할 때 인간다움이 유지된다. 먹는 것은 개인의 생존과 직결된 것이지만, 한편으로는 지극히 공공적이고 집단적이다. 함께 잘 먹고 잘 사는 것이 사람살이의 근본이기 때문이다. 오늘날 이 근본을 경시하고 '먹다'를 숭상하는 문화나 가치관에는 개인주의가 깊이 뿌리내리고 있다. 그것은 나 혼자 배부르고 즐거우면 그만이라는 이기주의 냄새가 물씬 풍긴다.

이 세상은 온통 '먹다'의 언어로 넘쳐난다. 언어는 개념적 의미만을 전달하는 단순한 도구가 아니다. 이성적 논리 이상으로 경험적 논리가 언어 생성의 중요한 원천이다. 인간과 세계의 만남, 인간과 인간의 관계, 시간과 공간의 조합으로 형성된 다양한 경험에서 언어가 생성된다. 지금의 문화와 언어가 어쩌다 '먹다'

를 부박浮薄하게 사용하는 지경에 이르렀는지 모르겠다. 말과 행위가 거칠어졌다는 것은 우리 삶의 양식과 가치관이 그만큼 품위를 상실했다는 뜻이기도 하다. 먹는 것은 인간 생존의 기본이고 소중한 것이기에 더욱더 문화적, 인격적 품격이 요구된다. 어린 시절 밥상머리 훈육의 의미를 새삼 되새겨 본다.

촌스럽다

어느 한 사람이 우리 출판사에서 만든 책을 보더니, 첫마디가 '촌스럽다'였다. 내가 만들었다는 전후 사정을 모르니까 면전에서 그런 말을 했을 거다. 하지만 좀 불쾌하고 언짢았다. 그렇다고 대놓고 불쾌함을 드러낼 수도 없었다. '촌스럽다'는 평가는 그의 관점에서 내린 인상이고 평가이니, 그 이유를 따진다는 것도 앞뒤가 맞지 않다. 이런 경우 그 순간을 참고 이어지는 말을 기다려 보는 것이 상책이다. 분석을 통해 '촌스럽다'는 평가의 근거를 구체적으로 제시하는 경우 그 의견을 경청할 필요가 있다. 그것이 내 변화의 동기로 작용할 수도 있기 때문이다. 하지만 '촌스럽다'는 평가는 그것으로 끝나는 경우가 대부분이다. 설명이 더 이어지지 않는다. 그 이유를 물으면 답이 궁하다. 그저 자기 느낌이 그렇고, 자신의 취향과는 맞지 않다는 것이 전부다. 내 생각과 느낌이 그런데 거기에 무슨 이유가 있느냐는 태도를 보이기도 한다. 우리는 각자의 주관적 인상에 갇혀 어떤 대상을 쉽게 재단하고 평가한다.

표준국어대사전은 '촌스럽다'라는 말을 "어울린 맛과 세련됨이 없이 어수룩한 데가 있다"라고 풀이한다. 다른 사전의 풀이까지 종합하면 엉성하다, 어수룩하다, 어색하다, 어울리지 않는다, 세련되지 못하다 등의 뜻을 내포하는 말이다. 주로 어떤 대상의 외형적 이미지에 관한 표현인데, 생각이나 행동을 두고도 사용한다. 어쨌든 '촌스럽다'는 말은 대상에 대한 화자의 부정적인 판단과 느낌을 드러낸다. 그러므로 어느 한 사람과 관련하여 이 말을 사용할 때는 조심할 필요가 있다. 그 사람의 면전에서는 더더욱 피해야 한다. 부재 상황에서 이 말을 사용하는 것은 그 사람을 험담

하는 것이나 다름없고, 면전에서는 상대를 무시하거나 깔보는 말로 들릴 수 있기 때문이다. 이 말은 대개 객관적 판단보다는 즉흥적이고 주관적인 느낌에 의존한다. '어수룩하다'나 '어색하다' 등의 형용사는 의미 경계가 모호할 때가 잦다. 이런 말은 확장성이 크지만, 반면에 의미가 빗나갈 가능성도 크다.

 '촌村'은 도시에서 떨어져 자연적으로 생긴 마을을 뜻한다. 시골에서 도시로 떠나온 사람이 자기 고향을 이르는 말로 사용되기도 한다. '촌스럽다'의 반의어는 '세련'이지만, 어원상으로는 '도시'라는 말에서 반사된 것이다. 따라서 '촌스럽다'는 '도시답지 못하다'는 뜻이다. 여기에는 도시는 세련되고, 촌은 엉성하고 어수룩하다는 의미상 대립이 전제된다. 상대적으로 도시는 언제나 긍정적이고, 촌은 부정적인 의미를 내포한다. 개화기 이후 서구 문명의 유입과 도시의 발달은 궤를 같이한다. 특히 1970년대 이후 산업사회로 접어들면서 농어촌 인구가 대거 도시로 몰린다. 이들에게 도시는 청운의 꿈을 펼칠 수 있는 이상향이다. 촌은 떠나고 부정되어야 할 공간이라면, 도시는 꿈의 공간이다. 여기서 촌과 도시는 확연히 분리되어 차이를 드러낸다. 촌놈, 시골 촌사람, 촌것, 촌티, 촌 무지렁이, 촌닭 등 '촌(시골)'을 비하하는 말이 수두룩하다.

대학교 신입생 때 한 여자 동기생이 나보고 '컨츄리 보이country boy' 같다고 했다. 세련되지 못한 촌놈이란 뜻을 영어로 완곡하게 표현했는지, 다소 순수하고 순박하다는 뜻으로 한 말인지 알 수 없다. 나는 중학교 때부터 50년 넘게 대도시인 대구에서 살았다. 그간 산골 출신임을 일부러 숨기지는 않았지만, 무의식적으로 세련된 도시문화를 동경하고 추종해 왔다. 대학을 갓 졸업하고 여고 교사로 근무할 때였다. 유명 메이커 바바리코트를 장만하여 입고 다녔다. 대학교 때까지 사철 잠바만 입지 않았던가. 코트 깃을 세워 멋을 부려보았으나 없던 세련미가 갑자기 생길 수 있겠는가. 마흔이 넘어 와인에 빠진 적이 있다. 와인잔을 들고 우아한 포즈를 취하며 제멋에 도취되기도 했다. 그러면서 서구 지향적인 세련미를 동경하며, 무의식적으로 '나는 이제 촌놈이 아니다'라고 외쳤다. 그것이 허세와 허영이라는 것도 모르고 말이다.

어느새 '귀농' 혹은 '귀촌'이란 말이 익숙해졌다. 자연 가까운 곳으로 생활 공간을 옮긴 사람도 그만큼 늘어났다. 인공적인 도시 문명의 비인간화가 몰고 온 결과가 아니겠는가. 많은 도시인은 여건이 되면 자연이 생동하는 시골에서 살고 싶어 한다. '나는 자연인이다'라는 어느 텔레비전 프로그램이 도시 직장인한테 인기 있는 것도 이와 무관하지 않다. 이제 '촌스럽다'는 말은 생명력을 잃어 간다. 물론 완전한 역전은 아니다. 언론 매체가 코로나 확진자 수를 수도권과 비수도권으로 나누어 보도한다. 우리 사회 곳곳에는 도시와 시골의 이분화된 가치 체계가 여전히 작동하고 있다. 하지만 그렇게 탄탄했던 선입견에도 균열이 생기고 있다. 촌스럽고, 시골스럽다는 말이 자연 친화적이고 순박하다는 긍정적 가치를 담아내기 시작했다. 말의 관습적 사용이 생각과 관점을 고착화할 수 있다. 지금 우리는 도시가 촌을 함부로 깔볼 수 없는 세상에 살고 있는데, '촌스럽다'는 말이 필요하겠는가. '촌스럽다'는 말은 이제 각자 어휘 창고에서 없애버리는 것이 어떨까.

할머니의
말

외손자가 태어났다.

딸이 결혼한 지 10년 만에 얻은 아이다. 딸 내외만큼 우리 부부도 이이를 학수고대했다. 우리에겐 첫 손주다. 어떤 말로도 다 표현할 수 없을 만큼 기뻤다. 병원과 산후조리원을 거쳐 산모와 아이가 20일 만에 집으로 왔다. 매일 영상으로 보던 외손자를 직접 대면하는 날이었다. 한 인간이 이 세상에 태어나는 일이 위대하고 아름답다는 것을 그렇게 절실히 느낀 적이 있었던가. 엄숙해지기까지 했다. 오래전 나의 아들

딸이 태어났을 때는 그렇지 않았던 것 같은데….

 아내는 친손이든 외손이든 아이가 태어나면 키워 주겠다고 공언해 온 터라 외손자를 돌보는 데 지극 정성이었다. 심지어는 아이가 태어나기 직전에 신생아 돌봄 교실에 등록하여 교육을 받는 적극성까지 보이기도 했다. 그래서인지 갓 태어난, 여린 새싹 같은 아이를 능수능란하게 다루었다. 그러면서 한시도 입을 닫지 않고 아이에게 말을 걸며 얼렀다. 평상시 듣지 못했던 어휘와 어태가 어우러져 색다른 음악을 연출하는 듯했다. 아이가 외할머니의 말을 못 알아듣겠지만, 뭔가 본능적으로 느끼는 바가 있을지도 모른다는 생각이 들었다. 세상에 태어나 한 인간으로 살아간다는 것은 육체적 성장과 함께 언어를 배워 가는 과정이라 할 수 있다. 그 과정에서 습득하고 체득한 말이 한 존재의 개성을 형성하는 데 결정적인 역할을 한다고 알고 있다. 지금 외할머니로서 아내의 말이 손자에게 어떻게 영향을 미칠까. 작은 궁금증이 생긴다.

 어느 부부가 직업 관계로 자식을 시골에 있는 부모에게 맡겼다. 아이는 어릴 때부터 조부모 슬하에서 자랐다. 어느 날 아이의 아버지가 시골에 있는 어머니에게 전화를 했다. 마침 아이가 전화를 받았다.

"할머니는?"

"할매, 디비잔다."

"깨워 봐라."

"깨부면 할마씨 지랄할 낀데."

누군가 웃자고 지어낸 에피소드겠지만, 메시지는 분명하다. 아이는 가까이 있는 어른의 말을 배우고 자란다는 점을 풍자하고 있다. 유아기에 습득한 언어는 교육에 의해 수정될 수 있으나 무의식으로 잠재하다가 기회가 있으면 어떤 식으로든 분출될 가능성이 크다. 이처럼 유아기에 접한 언어는 누구에게는 한계로, 누구에게는 무한한 가능성으로 작동한다.

나는 사람들 앞에서 말할 때마다 긴장하고 떨려서 하고 싶은 말을 제대로 못 하는 편이다. 자신감이 부족한 탓이다. 글을 쓸 때도 어휘가 빈곤해서 자주 상투적인 표현에 머물곤 한다. 지금까지 말하기와 글쓰기를 업으로 삼아 온 것이 용하다 싶을 정도다. 초등학교에 다닐 때까지 산촌에서 자랐다. 책과 연필보다

괭이와 호미가 훨씬 더 가까웠던 유년기였다. 또한 내 유년기를 옭아매었던 것은 소였다. 꼴 베고 소 먹이는 일은 내 안으로 스며드는 언어의 통로를 좁게 만들었다. 주위로부터 주로 들었던 것은 농사와 관계되는 것이 아니면, 두려움으로 다가왔던 미신이나 귀신 이야기였다. 유년기의 나의 내면은 가뭄으로 쩍쩍 갈라진 논밭과 같이 한정된 지식과 언어로 메말라 있었다. 중학교 때부터 공부를 통해 빈 곳을 그런대로 채우기는 했으나 원초적인 한계는 어쩔 수 없었다. 운명인데 어쩌겠는가만, 내 언어의 빈곤함을 느낄 때마다 이렇게 시답잖은 변명거리를 찾는다.

갓난아이에게 쏟아내는 외할머니의 말이 외손자의 내면을 풍요롭게 하는 밑거름이 되기를 간절히 소망해 본다. "내 외손자의 외할머니여, 앞의 에피소드를 놓치는 말로 가볍게 웃어넘기지 않기를 바랍니다."

내 말이 누구에게
위안을 줄 수도

내 말과 글이 누구에게 어떤 영향을 주리라고는 거의 생각지 않고 살았다. 40여 년간 교직 생활을 하면서 학생이나 일반인에게 강의를 통해 숱한 말을 쏟아냈으나 내 이야기에 크게 감명을 받았다는 사람은 드물었다. 내 글도 마찬가지였다. 오랜 시간 수필가와 문학평론가로 글쓰기를 해왔다. 하지만 인기 있는 수필가나 잘나가는 비평가로 이름을 떨쳐 본 적이 없다. 독자의 심금을 울릴 힘이 부족했기 때문일 것이다. 다른 사람에게 감동을 주지 못한다는 생각이 굳어질수록 내 언어는 점점 지식 전달 쪽으로 쏠렸다. 정신적 감화를 전제하는 말은 의도적으로 피했다. 그러다 보니 말과 글이 논리적이고 딱딱하다는 평가를 종종 듣곤 했다.

작년 가을, 안동 이육사문학관이 마련한 '에세이 창작 교실'에서 강의한 적이 있다. 강의 끝에 이르러 수강생들에게 질의 시간을 할애했다. 그런데 질문하는 사람이 없었다. 침묵이 한참 이어졌다. 별다른 반응이 없어 한편으로는 섭섭하기도 했다. 어색한 분위기를 바꾸려고 몇 마디 덧붙였다. 강의 시간에 말을 쏟아붓고 나면 내 안에 있던 모든 것을 허공에 날려 버린 것 같아 허무감을 느낄 때가 많으며, 아무런 결실도 얻지 못하는 내 언어의 무력함이 나 자신을 초라하게 한다는 요지의 이야기를 했다.

그러자 한 수강생이 말문을 열었다.

"어떤 심정에서 그렇게 말씀하시는지 알 만합니다. 하지만 선생님의 이야기가 모두 무의미하다는 말씀은 좀 지나친 것 같습니다. 선생님의 한마디가 누구에게는 위로가 되고, 희망과 용기를 줄 수도 있지 않을까요."

"그렇다면 다행이죠."

 더 이상 말을 덧대고 싶지 않아 대강 얼버무렸다. 그 수강생의 말이 굳어진 내 생각을 바꾸지 못하고 인사말 정도로 들렸다. 내가 뱉은 말을 스스로 부정하는 꼴이지만, 말을 마치고 난 후 뒤따르는 허망감을 좀처럼 걷어내지 못했다.

 다음날이었다. 50대 후반의 제자 B가 극단적 선택을 했다는 소식을 들었다.

 B는 내가 여고 교사로 재직하면서 두 번이나 담임했던 제자였다. B가 졸업한 후 오랫동안 서로 만날 기회가 없었다. 그런데 10여 년 전이었다. 나의 수필 창작 교실에 B가 나타났다. 글쓰기로 나와 인연을 맺은 신경과 전문의가 소개해서 참석하게 되었다. 표정도 밝았고 주위 사람들과 대화도 곧잘 나누고 있어 정신과적 문제를 안고 있다는 생각이 전혀 들지 않았다. 집이 멀다며 수업에 자주 빠졌고, 글쓰기에 특별한 관심을 보이지도 않았다. 그 후 줄곧 만나지 못하다가 작년 여름, 지역의 어느 문예 창작 교실에 특강을 하러 갔다가 오랜만에 B를 다시 보게 되었다. 강

의를 마치고 뒤풀이 자리에서 함께 담소를 나누기도 했다. 그리고 얼마 후 B가 전화를 했다. 고등학교 때 같은 반 친구 한 명과 셋이 만나 막걸리를 한잔하면 어떻겠느냐고 제안했다. 좋다고 했다. 곧 약속 시간과 장소를 알려왔다. 그러나 그 약속을 지키지 못했다. 만나기로 약속한 날 며칠 전에 심한 감기에 걸리고 말았다. 코로나의 공포가 여전하던 때라 약속 자리에 나가기가 힘들었다. 미안하고 아쉬움이 컸다. 그리고 서너 달 후 그가 갑자기 생을 마감했다는 소식을 듣게 된 것이다.

B는 나를 만날 때마다 감사하다는 말을 빠트리지 않았다. 그는 고향인 영덕을 떠나 대구에서 할머니와 함께 어렵게 생활하면서 학교에 다녔다. 내성적이어서 주위 친구들과 잘 어울리지 못하고 외톨이로 지냈다. 그때를 잘 기억하지 못하지만, 그의 말에 따르면 담임인 내가 언덕배기에 있는 누추한 집에 가정방문을 와 힘내라고 격려도 하고 얼마의 용돈까지 주었다는 것이다. 그때 내 말에 위로를 받고 용기를 얻어 고등학교 3년을 잘 버티었다고 했다. 의외였다. 고등학교 교사 시절인 당시 나는 30대에 갓 들어선 나이에 막 결

혼도 하고 앞날을 준비하느라 곁을 돌아볼 여유가 없었다. 그런데 내가 당시 제자에게 따뜻한 말을 건네는 선생이었고, 어느 한 학생이 내 말에 용기를 얻었다니 이 모두가 도대체 믿기지 않았다. B는 나한테 듣기 좋으라고 그렇게 말한 것이 아니었다. 뒤에 들은 바에 따르면, 그는 주위 지인에게 고교 때 담임선생이었던 나에 관한 이런 이야기를 자주 했다고 한다.

스스로 삶을 포기할 수밖에 없을 정도로 그를 힘들게 했던 것이 무엇인지 잘 모른다. 하지만 그때 막걸리 한잔하자는 약속을 지키지 못한 것이 마치 죄를 지은 것 같아 마음이 무겁다. 당시 만나자는 약속은 나한테 위로의 말을 듣고 싶다는 신호였는데, 결과적으로 그 신호를 못 본 체하고 만 셈이다.

생각과 감정을 제대로 담아내지 못하고 미끄러지는 언어의 무력함을 경계하느라 내 한마디 말이 누구에게는 위안을 주는 한 송이 꽃이 될 수도 있다는 점을 놓치고 살았다. 어쩌면 이는 도덕적 겸양을 가장한 이기적 도피였는지 모른다. 자기 말의 진정성을 의심한다는 것은 남의 말에 귀 기울이지 못하는 것과 다를 바 없다. 행여 내 말이 독이 될까 봐 약이 될 수도 있는 말을 외면한 꼴이 아닌가. 상실감에 빠진 사람의 마음을 달래 주고 따뜻한 위로를 주는 말의 진정한 위력을 깨닫지 못한 탓이다. 늦었지만 나의 한마디 말이 누구에게 위안을 줄 수도 있다는 믿음을 가져 본다.

통증
언어학

 올 연초에 왼쪽 다리를 다쳐 달포 동안 심하게 고생했다.
 하천을 가로지르는 인조석 징검다리를 건너다가 헛디디고 말았다. 다리 높이는 50cm가 넘었다. 왼발이 빠지면서 균형을 잃고 앞으로 넘어졌다. 왼쪽 무릎 주위에 심한 타박상을 입었다. 금방 내 힘으로 일어서긴 했다. 일어나는 순간 아프다는 느낌보다 창피하다는 생각이 먼저 들었다. 잘 다듬은 인조석으로 반듯하게 놓인 징검다리는 어린아이도 안전하게 건

널 수 있는데, 멀쩡한 어른이 대낮에 넘어져 물에 빠지고 말았으니 이런 낭패가 어디 있으랴. 다치고 물에 빠진 다리는 아랑곳하지 않고 누가 쳐다보지는 않는지 주위를 살피면서 앞서가던 아내를 멍하니 바라보았다. 아내는 택시를 타고 병원에 가자고 몇 번이나 권했다. 괜찮다며 5km가 넘는 거리를 기어코 걸어서 집으로 돌아왔다.

집에 도착하니 다친 다리에 통증이 강하게 느껴졌다. 저녁때이기도 하고, 한편으로는 하룻밤 자고 나면 괜찮아질 수도 있다는 헛된 희망을 핑계로 병원은 다음날에 가기로 마음먹었다. 이튿날 다친 부위가 붓고 걷기도 매우 불편했다. 서둘러 동네 정형외과를 찾았다. 엑스레이를 찍어 보니 뼈에는 이상이 없었다. 의사는 찜질을 자주 하라며 일주일분의 진통제를 처방해 주었다. 뼈에 손상이 없어 깁스를 하지 않는 것만도 다행이라고 생각하며 다소간 평정심을 회복했다. 이러한 평정심은 오래가지 못했다. 시간이 지날수록 통증의 강도가 더해졌다. 진통제도 효과가 없었다. 오히려 진통제 복용으로 속까지 쓰려 고통이 가중되었다. 통증이 내 모든 의식을 불러 모아 놓고 일장 훈계를 하는 듯했다. 일상은 뒤죽박죽이 되고 말았다.

 일주일이 지났으나 통증은 한층 더 심술을 부렸다. 통증이란 놈이 마침내 얼굴을 분명히 드러내고 내 몸을 점령하겠다며 선전포고를 해 온 것이다. 마치 그간 몸 어디엔가 잠복해 있다가 호기를 만나 총공세를 퍼붓는 것 같았다. 왼쪽 다리 곳곳에 거무죽죽한 멍이 선명하게 드러났다. 폐허의 전장 같은 멍은 한곳에 머물지 않고 이곳저곳을 옮겨다니며 게릴라전을 펼쳤다. 우선 내 잠을 앗아가 버렸다. 진통제를 복용하거나 찜질로 그 도발에 대항해 보았으나 한 시간의 잠도 얻어내지 못했다. 그놈은 금방 방어선을 뚫고 사정없이 공격해 왔다. 순간의 얕은 잠마저 용납하지 않고 살을 도려내고 뼈마디를 부서뜨리는 듯한 아픔의 도가니에 내 몸을 사정없이 몰아넣었다. 앉거나 눕거나 서거나 엎드리는 등 어떤 자세를 취해도 소용없었다. 수면 부족으로 온몸은 녹초가 되고 정신마저 혼미해졌다. 모든 욕망이 사그라지고 신경질만 가시처럼 돋아나는 나날을 보냈다.

 강도가 더해 갈수록 이 통증에 관한 일상의 언어들이 얼마나 무용한지를 알게 되었다. 의사나 가족이

나 가까운 지인이 어떻게 아프냐고 물었을 때, 내 통증을 표현할 마땅한 언어를 찾기가 어려웠다. '아프다, 쑤신다, 통증이 심하다'고 말하거나 이런 단어 앞에 '너무, 아주, 엄청, 정말' 등의 정도부사를 끌어오는 것, 끝에 가서는 '죽겠다, 잠을 한숨도 못 잤다'로 맺는 것이 고작이었다. 만난 의사들은 내 말을 몇 마디만 듣고 귀를 막았다. 그들에게서 환자 개인의 아픔에 대한 이해나 공감은 멀리 있었다. 축적된 일반적 경험치를 기준으로 진료하면 그만이었다. 의사의 치료는 환자와의 소통이 아니라 하나의 알고리즘에 불과했다. 나를 걱정해 주는 주위 사람들도 마찬가지다. 그들은 내가 통증으로 얼마나 고생하고 있는지에 관해서 별 관심이 없었다. 대부분 엑스레이를 찍어봤느냐, 뼈에는 이상이 없느냐는 질문으로 다가왔다. 그리고 자기 경험을 앞세워 각양각색의 처방전을 쏟아 놓거나 지침을 하달했다. 그들 앞에서 내 통증은 소외되었다.

잠을 이루지 못하는 모습을 지켜보는 아내도 힘들기는 마찬가지였다. 처음에는 도움을 받기 위해 옆에 있어 주기를 바랐다. 밤잠을 설치면서 가까이 있는 아내를 보는 것은 또 다른 고통이었다. 마침내 아내를 다른 공간으로 밀어내었다. 아내가 나의 통증과 관련해서 해줄 수 있는 말이나 행동에는 한계가 뚜렷했다. 좀 차도가 있느냐며 걱정스러운 표정을 짓는 것 이상을 넘어서기가 어려웠다. 드물게 오는 안부 전화에서 자식들이 뱉는 언어도 마찬가지였다. 좀 낫느냐, 병원에는 갔다 왔느냐의 수준에 머물렀다. 어떤 지인은 나를 두고 너무 예민하다고 했다. 내가 어른답게 진득하지 못하고 통증을 과장하는 것으로 이해하는 듯했다. 나의 아픔을 다른 사람에게 알릴 수 없고, 다른 사람 또한 내 아픔을 이해하는 데 인색하다는 점을 절실히 깨달았다. 무엇보다도 아픔을 공유하고 소통하는 언어가 얼마나 빈곤하며, 상대를 위로하는 언어 운용이 너무나 서툴다는 점을 통감했다. 아무리 애써도 내 통증의 언어는 전혀 힘을 발휘하지 못한다는 점을 알게 되면서, 나는 아픔에 관해 입을 다물었다. 아서 프랭크는 《아픈 몸을 살다》에서 "통증 속에서 산다는 것이 어떤 의미인가를 표현하는 용어는 없다. 통증을 표현할 수 없기에 아픈 사람은 자신에게 할 말이 없다고 믿게 된다. 입을 다물게 되면서 아픈 사람은 통증 속에 고립되며, 고립은 통증을 악화시킨다"라고 하였다. 나도 그랬다.

고통이 견디기 어려운 단계에 이르렀을 때는 그것을 조금이라도 덜 수 있다면 통증을 신으로 모시고 그 앞에 무릎을 꿇고 내 과오를 용서해 달라고 빌고 싶었다. 그날 낮술을 한잔했다는 점, 징검다리를 건너면서 앞을 살피지 않고 먼 산을 보았다는 점, 곧바로 병원에 가지 않고 한 시간 이상이나 걸었다는 점, 큰 병원에 가서 정밀검사를 받고 치료에 온 힘을 쏟지 않았다는 점 등이 통증의 노여움을 불러왔다고 자책해 보기도 했다. 하지만 통증의 실체와 얼굴을 인정할수록 고통은 더해지기만 했다. 어느 순간이었다. 이 통증은 내 몸 안에서 일어나는 것이니 나와 다른 실체가 아니라 내 몸의 한 부분이라는 생각이 들었다. 통증과 맞서 싸우겠다는 마음 자세를 고쳐먹었다. 조금씩 일상을 공유하는 존재로 가까이 두면서 다독여 갔다. 한방치료도 받고 가능한 민간요법도 마다하지 않았다. 누구로부터 나의 고통에 관해 위로나 도움을 받겠다는 생각을 포기하고, 오롯이 내 몸의 일로만 여기며 통증을 끌어안았다. 이렇게 달포 동안 맞서거니 어르거니 하면서 곁에 두었던 통증이 어느 순간 성질을 죽이면서 퇴각하고, 나는 겨우 일상을 회복했다.

하지만 그 통증은 완전히 사라지지 않았다. 얼굴을 감추기는 했으나 마음으로 전이되어 내 의식 한 구석에 공포와 외로움으로 잠복하고 있다. 기회만 있으면 이 우울한 통증은 수시로 고개를 쳐들고 나를 괴롭힐 것이다. 여기다가 내 존재를 지워버리는 마지막 통증도 남아있지 않은가. 멀잖아 그날이 찾아오리라. 누구나 자신의 통증과 고통을 제대로 표현할 수 없고, 누구와 나눌 수도 없다. 통증의 언어는 전적으로 내 안에서만 서식하기 때문이다. 내 몸의 통증은 오롯이 내 몫이다. 상호 소통은 불가능하다. 이처럼 언어의 기본을 위반하는 것이 통증 언어학인가 보다.

그런데도 나는 또 징검다리에서 넘어지고 내 상처보다 다른 사람의 이목을 살피는 어리석음을 떨쳐버리지 못할 것 같다. 통증 언어학을 진지하게 공부하고서도 말이다.

순백의
언어

 안녕하십니까? 저는 첫돌을 맞이한 사내아이 정이준丁怡準입니다. 2023년 4월 1일에 태어났습니다. '이준'이라는 이름은 외할아버지께서 어느 작명가한테 부탁해서 지었다고 합니다. 국문학자고 수필가인 할아버지지만, 이름 짓는 일은 전문가에게 맡겨야 한다며 본인이 손수 짓는 것을 사양했습니다. 사실 제 이름은 아빠가 지은 거나 다름없습니다. 처음 후보로 오른 네댓 개 이름 중 하나를 선택하는 일은 아빠 엄마의 몫이었는데, 아빠는 일주일 동안 고심한 끝에 '이준'이로 결정했습니다. 그 과정에서 주위 사람들의 의견도 적잖게 들었다고 합니다. 선택의 결정적인 계기는 저의 사촌 형인 '민준'이와 '예준'이의 돌림자를 같이 쓰는 것이었습니다. 어쨌거나 제 이름 짓기의 주역이었던 할아버지는 한발 물러서서 결정권을 아빠에게 넘기고 '소리 내어 부르기 좋은 이름이 우선'이라고 하였습니다. '기쁠 이'와 '법 준'을 조합하면 좋은 의미를 만들어낼 수도 있으나 그런 건 별로 중요치 않다고 생각하는 것 같았습니다. 제 이름이 여러 사람한테 편하게 부릴 수 있을는지는 두고 봐야겠지만, 지금으로서는 만족입니다. 왜냐하면 할아버지를 비롯해 온 가족이 제 이름을 정겹게 불러주니까요.

할아버지는 나에게 무한한 사랑을 쏟는 분입니다. 그 사랑의 온도는 언제나 따뜻합니다. 우리 집과 할아버지 집은 조금 떨어져 있습니다. 하지만 같은 공간에서 함께 사는 것과 다를 바 없습니다. 할아버지는 거의 매일 우리 집에 와서 두세 시간 저와 함께 놀아줍니다. 영상통화도 자주 하고요. 그리고 일주일에 한두 번은 제가 할아버지 댁에 가기도 합니다. 저는 할아버지를 무척 좋아합니다. 생후 8개월쯤부터 누구에게 다가가는 선호도 일위가 할아버지입니다. 엄마 아빠에게 안겨 있다가도 할아버지가 가까이 오면 저는 어김없이 할아버지한테 가겠다는 의사를 드러냅니다. 저의 이런 행동을 두고 아빠를 비롯한 다른 가족은 신기해하면서도 내심 섭섭한 마음도 없지 않은 모양입니다. 할아버지, 할머니, 아빠, 엄마 네 사람 중 할아버지와 함께 지내는 시간은 가장 짧지만, 품에 안겨 있는 시간은 제일로 깁니다. 할아버지는 틈만 나면 저를 안아 줍니다. 이때 서로 체온과 호흡을 가까이에서 느끼며 한 몸이 되는 듯합니다. 할아버지는 10킬로 몸무게의 저를 안고 다녀도 힘들지 않다고 합니다. 할아버지한테 안겨 있으면 정말 편안하고 푸근합니다. 그래서 할아버지는 저를 만나기만 하면 번쩍 들어 안습니다.

할아버지 품에 안겨 노는 것을 좋아하는 까닭이 단지 편안하기 때문만은 아닙니다. 할아버지는 저를 안고서 쉼 없이 말을 건넵니다. 동요도 자주 불러줍니다. 저한테 건네는 할아버지의 말은 따뜻한 사랑의

순백의 언어

언어들입니다. 그것은 무조건적인 사랑을 넘어 저 '이준'이라는 존재를 존귀하게 여기는 데에서 우러나는 말이기도 합니다. 꼭 빠트리지 않는 말은 "우리 이준이, 이쁜 이준이, 착한 이준이 만만세"입니다. 리듬을 넣어 수없이 반복합니다. 제가 착한 사람으로 성장하고 살아가기를 바라는 간절한 마음으로 들렸습니다. 또한, 할아버지는 제가 접하는 사물과 대상에 관해 저를 대신해 말을 겁니다. 가령 베란다 화분에 핀 꽃을 향해서는 제가 말하듯이 "꽃들아, 이준이 왔어. 잘 지냈니" 하면서 인사를 합니다. 할아버지의 말 걸기를 통해 저는 처음 접하는 사물의 존재를 알아 갑니다. 나무, 풀, 꽃, 나비, 고양이, 구름, 비, 책, 종이, 연필, 장난감 등의 무수한 사물이 나에게 다가와 빛이 됩니다. 지금은 나한테 모든 것은 구분되지 않는 혼돈이지만, 앞으로 말을 통해 이 세상에 존재하는 그것들을 하나씩 알아 갈 겁니다. 이 과정을 성장이라고 한다면, 그 성장의 원동력이 '말'이라는 점을 할아버지께서 깨우쳐 주고 있습니다.

제가 할아버지 댁에 가면 할아버지는 언제나 저

를 안고 서재로 갑니다. "이준아, 이게 책이야. 책 많지. 우리 이준이도 책 좋아할 거지. 이건 할아버지가 쓴 책이야"라고 하며 서가에 꽂힌 이 책 저 책을 만져 보게 합니다. 저는 책을 빼내 바닥에 내동댕이치지만, 할아버지는 말리지 않고 "우리 이준이 책 잘 읽네" 하십니다. 할아버지는 저의 엄마와 아빠, 외삼촌과 외숙모가 책을 가까이하지 않는다고 안타까워합니다. 그래서인지 더욱더 제가 책을 좋아하는 사람이 되기를 바라는 것 같습니다. 머잖아 저는 할아버지가 책을 읽어 주는 소리를 자주 들을 것입니다. 또한 때가 되면 저에게 한자까지 가르치려고 합니다. 언젠가 할아버지는 가족이 모인 자리에서 이런 말씀을 한 적이 있습니다. 시인 이육사는 7, 8세 나이에 할아버지의 가르침으로 사서삼경을 읽고 암송했는데, 이것이 그가 세상을 인식하는 넓은 안목과 강철 같은 정신력을 키우는 데 밑거름이 되었다면서 유년기 문식력 경험의 중요성을 강조했습니다. 그래서 제가 머무는 공간에서 텔레비전을 켜지 않고, 스마트폰도 눈에 띄지 않도록 합니다. 제가 할아버지의 이런 기대에 부응할지는 알 수 없으나 그 깊은 뜻은 제 안에 오래 남아 있을 거라고 믿습니다.

저는 이제 겨우 첫돌을 맞은 아이입니다. 어찌 남의 말을 알아듣고 제 생각을 말로 드러낼 수 있겠습니까. 지금 저와 할아버지가 서로 주고받는 말은 언어 이전의 언어이거나 언어를 초월한 언어, 즉 '순백의 언어'입니다. 여기에는 어떤 목적도 욕망도 없습니다. 가장 순수하고 원초적인 이 언어는 곧 사랑의 다른 이름이기도 합니다. 하지만 저도 앞으로 저만의 말을 가지게 될 것이고 조금씩 홀로서기를 해 갈 겁니다. 그러다 보면 할아버지와 저 사이에도 거리가 생겨나겠지요. 그 거리가 저에게는 성숙함이지만, 할아버지께는 슬픔일 수도 있습니다. 작년에 쓴 〈그때면 나는〉이란 할아버지의 글은 이렇습니다.

횡단보도를 건너려고 기다리는 참이었다. 한 소년이 자전거를 타고 가다가 내 옆에 멈추어 섰다. 초등학교 3, 4학년쯤 되어 보였다. 헌칠한 키에 얼굴까지 잘생겼다.

태어난 지 5개월밖에 되지 않은 외손자 이준이가

오버랩되었다. 하루가 다르게 커 가는 아이를 보고 돌아서면 또 보고 싶은 나날을 보내고 있었다. 자전거 타는 이준이를 생각하니 미소가 절로 일었다.

그런데 초등학교 4학년이면 몇 살이지. 10살, 11살? 그때면 나는 어디에 있을까.

가을, 저녁 해가 서산을 넘어가고 있었다.

언젠가는 할아버지의 말을 직접 들을 수 없는 날이 올 것입니다. 이는 뛰어넘을 수 없는 운명이고, 또한 슬픈 일임을 알고 있습니다. 하지만 저의 돌 선물에 새겨진 "이준이는 할아버지와 할머니에게 하느님이 내려 준 최고의 선물"이라는 말은 영원할 것입니다. 이것은 현실의 모든 말을 초월하는 순백의 언어이기 때문입니다.

빈말

《수필미학》 발행인을 맡고 처음 맞이하는 공식 행사 때였다. 준비한 원고를 따라 인사말을 하다가 마지막에 이르러 느닷없이 "앞으로 정직한 수필미학이 되도록 최선을 다하겠습니다"라는 말을 덧붙였다. '최선을 다하겠다'는 말은 누구나 자주 사용하지만, '정직한'이라는 말은 왜 꺼냈는지 의아했다. 그런데 더 의아하게 생각한 것은 그 자리에서 이 말을 입에 담았다는 사실을 지금까지 정확하게 기억하고 있다는 점이다. '정직'이란 말을 뱉어 놓고 그 순간 말실수를 했다는 생각이 들었기 때문이다. 듣는 이들의 호감을 사려는 욕망이 앞서 앞뒤를 따져보지 못했던 결과다. 문맥을 곱씹어 보면 그간 '정직하지 못했다'는 뜻으로 오인될 여지도 있다. 정직하지 못한 주체가 나일 수도 있고, 다른 사람일 수도 있다. 나일 때는 내 부정한 과거 일 처리를 자백하는 것이고, 타인일 때는 특정한 사람을 대놓고 비난하는 말이 되고 만다. 이러고 보면, 덧붙인 내 말은 말실수가 분명하다. 이를 차치하고 문제는 '정직하다'는 말을 무슨 의미로 사용했느냐는 점이다. 겉은 그럴듯한데 구체적인 내용이 없다. 알맹이가 없는 전형적인 빈말에 해당한다.

매체를 통해 정치인의 이런저런 말을 전해 듣는다. 국가와 국민을 위한다는 그들의 말대로면 대한민국은 세계에서 가장 잘 살고 평안한 국가가 되고도 남을 것이다. 결국 그들은 빈말을 밥 먹듯이 내뱉고 있는 셈이다. 학교에 재직하면서 국문학 전공 교수라는 이유로 총장이나 재단 이사장의 연설문을 자주 썼다. 그들은 식장에서 내가 쓴 연설문을 토씨 하나 틀리지 않고 그대로 읽었다. 전적으로 자기 생각이 아닌 말인데도 주저하지 않고 학생들에게 힘주어 말했다.

이런 점에서 나도 마찬가지였다. 새 학기 개강과 함께 강의계획서를 마련하고, 첫 강의를 시작하면서 지키지 못할 약속을 수없이 반복했다. 어느 학생도 나의 파약을 문제 삼지 않았다. 종강 때 핑계를 대면서 계획한 대로 수업을 진행하지 못해 미안하다는 한마디면 마음의 부담을 걷어내기에 충분했다. 단체 구성원을 앞에 두고 인사말을 하는 사람 대부분이 '앞으로 최선을 다해 열심히 하겠다'는 말을 빼놓지 않는다. 그 '최선'과 '열심히'라는 말이 오래가지 않아 빈말이라는 것이 드러나고 만다. 우리는 일상에서 빈말을 수시로 생산하고 소비한다. 그러면서 별로 가책하지 않는 것 같다.

빈말은 사전에서 "실질적인 뜻을 담지 않고 그냥 해본 말"로 풀이된다. 실질적인 의미가 부족한, 즉 알맹이가 없는 '헛말'을 뜻한다. 동의어로는 '구두선 허담 허언 허어 헛소리 공담 공말' 등이 있다. 이것이 특정한 의도를 가지거나 그 강도가 강해지면 '거짓말'로 발전한다. 사적인 차원에서 이루어지는 잡담이나 수다는 인간관계를 부드럽고 친밀하게 해주는 순기능을 하지만, 공적인 차원에서 이루어지는 '빈말'은 듣는 사람에게 직접적인 손해를 입히지는 않을지라도 사회적 신뢰를 깨트리는 결정적인 요인이 될 수 있다. 우리 사회에서 이러한 빈말이 넘쳐나는 이유는 무엇인가? 개인의 도덕적인 해이나 언어의 혼탁이란 지적은 막연하다. 자기 진술이 어떻게 하면 많은 사람의 관심을 불러일으킬 수 있는지에만 몰두하고 실현 가능한지 혹은 진실한지는 외면하는 경향이 빈말 생성의 주요 원인이다. 빈말은 개인의 자기 과시나 허욕이 무분별하게 분출된 결과물이다. 또한 그것은 언어의 수사적 표현을 앞세워 진실과 거짓의 경계를 흐리게 함으로써 알맹이가 없다는 비난을 피하려 한다. 양심을 속이면서까지 빈말을 멈추지 않는 까닭이 여기에 있다.

언어 관습이나 규범화된 화법으로서 빈말은 일상에서 관계를 우호적으로 유지하는 데 도움을 줄 수도 있다. 하지만 능숙한 화술과 언어 수사를 빌려 화자가 자기 권위를 내세우려 하거나 청중의 환심을 사기 위해 하는 빈말은 거짓말이 될 가능성이 높다. 눈

앞에 목적만 생각하고, 그 실천은 염두에 두지 않기 때문이다. 말을 쉽게 하는 것은 그만큼 그 말에 대한 책임을 생각하지 않는다는 것과 같다. 이처럼 문제는 거짓말에 가까운 빈말을 하면서도 자신은 그것을 전혀 의식하지 못한다는 점이다. 특히 여러 사람에게 약속의 말을 하면서 그것을 실천하려는 의지가 수반되지 않으면, 빈말이나 거짓말이 되고 만다. 처음부터 의도적으로 빈말을 하려고 한 것도 아니고, 그 순간에는 진정성과 굳건한 신념을 지녔다고 하더라도 실천이 뒤따르지 못하면, 그 말은 빈말이거나 자기기만이 된다. 자기가 믿고 싶고 좋아하는 것만을 사실로 인정하거나 사실과 논리보다는 주관적 직감으로 진실을 판단하는 사람은 자신의 빈말과 자기기만을 성찰하지 못한다. 빈말이 아닌 알맹이 있는 말은 어떤 말일까. 진정성과 정확성에 근거하는 말이 아닐까 한다. 이는 바로 언행일치다.

고래를 춤추게 하는 칭찬은 싫다

지인 중 한 사람은 전화로 통화하거나 대면해서 대화할 때마다 나를 칭찬하는 언사로 말문을 연다. "신 교수는 수필계의 보배야. 지금 하는 일이 보통 어려운 것인가?" 이에 손사래를 치면서 "아닙니다. 과찬입니다"라고 해도 그는 칭찬을 멈추지 않는다. 대화를 나누면서 나에 대한 찬사를 양념처럼 섞는 친구나 지인을 종종 만난다. 듣기 좋을 때도 있으나 대부분 민망하고 불편하다. 그들의 말이 과장되거나 진실성이 없어서 그런 것은 아니다. 물론 그 찬사가 인사닦음이라는 느낌이 들 때도 있다. 그럴 때는 특별한 목적으로 호감을 보내는 것이 아닌가 하는 의심이 들기도 한다. 하지만 인사치레와 진정성의 경계가 분명하게 드러나는 것도 아닌데, 그 찬사를 굳이 경계할 필요는 없지 않은가. 무던하게 지나쳐도 될 텐데, 왠지 칭찬을 편하게 받아들이지 못한다. '칭찬은 고래도 춤추게 한다'는 말이 나한테는 통하지 않는 것 같다.

남의 칭찬에 쉽게 춤추지 못하는 성격 탓인지 다른 사람을 칭찬하는 데 인색하다는 평을 자주 듣는다. 교실에서 학생을 가르치는 사람으로서 칭찬의 위력을 왜 몰랐겠는가. 그런데도 실제로는 칭찬의 언사가 부족했거나 그것이 겉치레에 불과했던 모양이다. 어느 수필가 한 사람이 수필 잡지에 수록된 내 평문을 읽고 첫마디가 '선생님 글은 표가 난다'는 것이었다. 이유인즉슨 작가의 기분을 건드리는 비판이 곳곳에 스며 있다는 것이다. 주례사 일변도의 평문을 접해 오다가 비판 어조가 강한 글이 낯설게 느껴졌을 수 있다. 비판적 평가는 비평의 필수 요소라고 변명하면서 이런 시선을 오류라고 맞서보지만, 내 안에 사나운 맘보가 도사리고 있는 것은 아닐까 하는 생각이 들 때도 있다. 타자의 눈에 비친 '나'가 전부는 아니더라도 부분적으로 진실일 수 있다는 점을 고려하면, 나는 칭찬에 인색한 사람이 맞는 것 같다. 이런 편향은 어디서 왔을까.

학창 시절에 공부를 잘한다는 칭찬을 받을 때도 더러 있었다. 그러나 공부 잘한다는 그때의 칭찬이 큰 기쁨을 주지 못했다. 칭찬을 받을 만큼 스스로 실력을 갖추었다는 자부심이 없었기 때문이다. 벼락치기로 공부했거나, 옆 사람의 답안을 슬쩍 훔쳐보았거나, 시험 직선에 공부했던 문제가 출제되었거나, 몰라서 어림짐작으로 찍은 답이 운 좋게 맞아서 얻은 우연의 결과로만 여겨졌다. 공부 잘한다는 칭찬에 순간적으로는 어깨에 힘이 들어가기도 했으나 그것도 잠시뿐, 금새 허망함에 빠지고 말았다. 학문의 길을 걸으면서 나의 초라함은 더욱더 선명해지고, 여기서 오는 절망감이 수시로 고개를 내밀었다. 남 앞에 자신만만한 언행을 보일 때도 있었는데, 대부분 내면의 부실함을 감추려는 위장이었던 것 같다. 어쩌면 완벽하고 강도 높은 칭찬에 목말랐는지도 모른다.

칭찬받는다는 것은 인정받는다는 뜻이다. 누구든 타인으로부터 인정받고자 하는 욕구를 지니고 있다. 인정욕구는 인간 행동을 지배한다. 헤겔이 '인간 삶은 타인의 인정을 받기 위한 투쟁'이라고 하지 않았던가. 타인의 인정을 통해 자신이 가치 있는 존재임을 믿는다. 이 믿음에 힘입어 자신감을 느끼며 살아간다. 타인의 인정은 삶의 활력이고 자존감의 연료이다. 사람의 언행에는 타인으로부터 '부름'을 받기 위한 요소들이 다양한 모습으로 잠재한다. 나를 불러주는 것은 나에 대한 관심과 인정의 출발이 아니겠는가. 그러나 세상에는 '나'에게 관심을 보이거나 '나'를 인정해주는 사람이 많지 않다. 대부분은 무관심하거나 등을 돌리고 있다. 누구나 가만히 있으면 자기 존재가 사라질 것 같은 불안감에 빠지곤 한다. 이에 할 수 있는 것은 '나'를 적극적으로 드러내고 알리는 일이다. '자기 자랑'도 이와 다르지 않다. 기회가 될 때마다 자랑을 흘리는 것은 '나'를 인정해 달라는 요청으로 볼 수 있다.

자기 자랑의 고삐가 풀리면 제자리로 되돌아오기가 쉽지 않다. 존재를 확대하려는 심리적 욕구로서 자기 자랑은 이성적인 자아의 통제를 자주 벗어나기 때문이다. 거의 무의식적으로 작동되기에 자랑하고 있다는 생각이 드는 순간, 이미 선을 넘어 멀리 벗어난 경우가 허다하다. 자랑의 서식지는 언어이다. '나'가 뱉는 언어에는 자기 자랑이란 욕망이 채색되어 있거나 얼굴을 내밀 기회를 엿보고 있다. 언어의 주체는 자아이지만, 자기 자랑은 무의식의 힘을 빌려 자아의 통제를 벗어나려고 한다. 나 자신을 자랑하고 있다는 점을 깨닫는 순간 내 존재는 한없이 초라해지고 만다. 마찬가지로 합당한 근거 없이 다가오는 다른 사람의 칭찬으로 잠시 위안을 얻는 나를 발견할 때면 무단히 슬퍼진다. 그 슬픔은 나 자신에 대한 부끄러움과 미움으로 이어지기도 한다. 고래가 춤을 추는 것은 조련사의 칭찬이 아니라 먹잇감 때문이다. 나는 고래가 되기 싫다. 어떤 목적도 없이 내 존재를 있는 그대로 인정하는 칭찬이면 춤으로만 끝나겠는가.

＼손해 보는 것이 뻔한데도 묵묵히 제자리를 지키는, 다소 모자라는 사람으로 살고 싶다. 다른 사람에게 똑똑한 사람보다는 무던한 사람으로 보였으면 좋겠다.

-〈무던한 사람으로 보였으면〉에서

질문의
기술

 작년 말 출시된 '챗GPT'가 전 세계인의 관심을 불러일으키고 있다. 챗GPT는 특정 질문에 답변해 주는 인공지능 채팅 서비스이다. 처음 접하는 순간 그것의 놀랄 만한 능력에 섬뜩한 느낌마저 들었다. 이런저런 주제의 글을 써 달라고 주문하자 순식간에 몇 단락의 글을 제시해 보이는 것이 아닌가. 챗GPT는 머잖아 인간의 글쓰기 능력을 뛰어넘을 것이라는 예감이 들었다. 허탈하기도 했다. 인류는 문자를 사용하면서 책이란 도구를 만들어 개인이 내장할 수 없는 정보를 책에 담아 보존해 왔다. 책은 과학기술과 문화의 발전을 견인해 온 원동력이었다. 책을 쓰고(지식을 생산하고) 읽는 일로서 '공부' 혹은 '학문연구'는 어느 사회에서나 가치 있는 것으로 존중되었다. 그런데 그간의 지식 생산과 소비 방식에 일대 변화가 일어나고 있다. 낱낱의 덩어리(책)로 분산되어 존재하던 지식은 한곳에 집적되어 챗GPT와 같은 기술에 의해 소비되는 날이 왔다. 인간은 이 인공지능의 무한한 지식 처리 능력에 종속될 것이며, 지식 소비의 편리함에 금방 빨려들어갈 수밖에 없을 것이다. 무엇보다 우리를 매료시키는 것은 무엇을 질문하든 챗GPT가 주저 없이 대답해 준다는 점이다. 질문의 합당함이나 수준을 문제 삼지 않고 대답하는 그 태도에 포용력과 친절함까지 느낀다.

초등학교 3학년 때였다. 비가 와서 체육 수업을 교실에서 하는 날이었다. 담임 선생님은 '축구'에 관해 이야기하는데, 나는 그 내용을 이해할 수 없었다. 열 살의 어린이가 맹랑하게도 선생님의 설명 한가운데로 뛰어들어 손을 들고 "축구가 뭡니까"라고 질문을 던졌다. 돌아온 대답은 "이 축구 같은 놈아, 축구도 모르냐"였다. 당시 선생님은 내가 뻔한 것을 장난삼아 질문한다는 생각에 불편했던 모양이다. 불행하게도 나는 그때까지 축구가 어떻게 하는 운동경기인지 잘 몰랐다. 축구 경기를 본 적도 해본 적도 없었다. 고작 둥근 공을 발로 차는 것쯤으로 인지할 정도였다. 산골 마을에는 공도 없을뿐더러 있다 하더라도 축구할 공간도 없었다. 공이 아닌 물건을 놓고 집 마당에서 친구끼리 발로 차면서 놀았던 것이 전부였다. 그때 담임 선생님의 '축구 같은 놈'이란 말이 씨가 되어 아이들은 나를 '축구'라고 놀렸다. 당시 '축구'는 '바보'라는 의미의 방언이었다. 나를 놀렸던 아이들도 대부분 축구를 몰랐을 것이다. 어쨌든 몰라서, 그래서 알고 싶어 물어보았는데 돌아온 답은 '바보'라는 야유였다.

중고등학교 때도 나는 수업 시간에 질문을 많이 하는 학생이었다. 초등학교 때 질문으로 상처받은 경험이 있었던 터라 가능하면 질문에 신중했다. 그러다 보니 교과목 선생님의 오류를 지적하는 데 질문이 쏠렸다. 앞의 설명과 다르다든가 수학 문제 풀이에서 계산 오류 등이 포착되면 주저 없이 손을 들었다. 이럴 때 선생님의 반응은 두 가지였다. 어떤 선생님은 "참, 그러네. 내 실수, 미안" 하면서 자신의 오류를 인정하고 편하게 수정하는 선생님이 있는 반면, 얼굴이 붉어지면서 당황하는 선생님도 있었다. 교단 경험을 통해 보면, 정면에서 내 오류를 콕콕 짚어내는 학생의 태도가 그리 곱게 보이지는 않았다. 대학교 강의실에서 나의 질문 공세는 강도를 더해 갔다. 1970년대 대학 강의실에서는 학생들에게 질문을 유도하는 교수는 흔치 않았다. 몇몇 교수가 질문 시간을 따로 줄라치면, 나는 물 만난 고기처럼 서슴없이 자리에서 일어섰다(당시 강의실에서 학생은 질문을 일어서서 하는 것이 예의였다). 나의 질문으로 수업 종료 시각을 넘기게 되는 경우가 종종 있었다. 이럴 때 함께 수강하는 복학생 선배들로부터 욕을 먹기도 했다. 교수의 깊은 학문 세계를 접하면서 정말로 궁금한 점이 많았다. 이때 내 질문은 말 그대로 더 알고 싶어서, 그리고 앎에 대한 갈증에서 나온 것이었다.

대학 학부 시절, 시인 김춘수는 현대시 관련 과목

을 학기마다 강의했다. 강의 마지막에 이르러 반드시 학생들로부터 질문을 받았다. 질문에 대한 답은 다양한 영역으로 확장되면서 학생들의 지적 욕구를 자극했다. 이 질문 시간이 본 강의보다 더 흥미진진했다. 학생들이 궁금해하는 코앞의 문제를 화제로 올렸기 때문이다. 그런데 그는 허튼 질문에는 가차없이 제동을 걸었다. 학생들의 앎이 얕고 말하는 기술도 어눌한 터라 질문 요점을 조리 있게 전달하지 못했다. 주제나 논리를 벗어난 질문에 대해서는 그 빈틈을 지적하고 교정해 주었다. 질문 속에 학생의 지적 허영이 감지될 때면, "자네의 말에 책임 질 수 있는가"라며 학생을 무안하게 몰아붙이기도 했다. 이렇게 함으로써 학생들에게 좋은 물음이 어떤 것인지를 깨닫게 했다. 동양의 공자, 서양의 소크라테스는 대화술(문답법)로 진리를 전파한 사람이다. 이들은 어떻게 제자의 질문에 답했을까. 공자의 경우를 보자. 《논어》 '선진편' 21장에서 공자는 자로子路와 염유冉有의 "들으면 곧 행합니까"라는 같은 질문에 두 사람에게 각각 다른 답을 한다. 자로에게는 부형과 상의하여 행하라 하고, 염유에게는 곧바로 행하라 했다. 이를 지켜보던 공서화公

西華가 다르게 대답한 까닭을 공자에게 물었다. 답은 이랬다. 성질이 유약하고 퇴영적인 염유에게는 진취적인 기상을 불어넣으려고 곧바로 행하라 했고, 강직하고 용기가 넘치는 자로에게는 지나칠 우려가 있어 한 걸음 물러서라고 그렇게 말했다는 것이다. 제자의 성격까지 염두에 둔 대답이다. 제자의 질문에 대한 스승의 대답으로 이보다 더 이상적인 것이 있겠는가.

 사람들은 손득이 달려 있으면 기를 쓰고 물어서 사실을 알고 방향을 찾으려 한다. 하지만 코앞의 문제를 벗어나면 대체로 퇴영적인 태도를 보인다. 특히 교실에서 자기 주도적으로 질문하는 학생은 많지 않다. 보다 못해 학생의 좋은 질문에 가산점을 주는 교수도 있다. 나도 한때 이 방법을 실행해 봤으나 곧 그만두었다. 학생들이 오로지 좋은 점수를 받으려고 질문 횟수 늘리기에 급급했기 때문이다. 대학 안팎에서 이루어지는 강의에서 자주 질문을 요청하지만, 질문다운 질문을 만나기가 어렵다. 현재 내가 전국 수필가를 대상으로 진행하는 인문학 줌 강의에서도 자진해서 질문하는 사람은 거의 없다. 질문을 유도해 보지만 허사다. 마지못해 하는 질문마저도 거의 단답식이다. 이럴 때는 내 강의가 부족해서 그런가 싶기도 해서 의기소침해지거나 허탈해진다. 질문을 제대로 하기는 쉬운 일이 아닌 것 같다. 철학자 김영민은 "좋은 질문은 논의와 탐색이 막혔을 때 시야를 밝히고, 새로운 말의 냄새를 불러온다"(《적은 생활, 작은 철학, 낮은 공부》, 늘봄, 2022, 14쪽)라고 한다. 좋은 물음은 말과 정신의 길을 연다는 말이다. 말과 정신의 길을 찾으려고 애쓰는 것이 공부라고 한다면, 공부의 길은 좋은 질문에서 출발한다고 볼 수 있다.

이제 우리는 '챗GPT'와 같은 인공지능과 가까워질 수밖에 없다. 예상보다 더 빠르게 인공지능은 인간 생활에 밀착될 것이며, 지식과 정보 생산에 없어서는 안 될 조력자로 등장할 것이다. 이 지점에서 관심을 가져야 할 부분은 물음을 던지는 기술이 아니겠는가. 인공지능의 활용성은 인간이 AI와 대화하는 수준에 달려 있다. 최근 신종 직업 중에 '프롬프트 엔지니어Prompt Engineer'가 주목받고 있다고 한다. 이들은 인공지능으로부터 사용자가 원하는 결과물을 얻을 수 있도록 도와주는 전문가라고 한다. 만족스러운 답을 얻으려면 내가 던지는 질문이 잘 조직되어야 함은 두말할 나위도 없다. 모든 글쓰기에서 챗GPT와 같은 인공지능을 활용할 날이 곧 다가올 것이다. 그때가 되면 글쓰기의 성패는 질문의 기술에 따라 판가름날 것이다.

내 책과의
이별

 2007년 연말에 발간된 한 수필 동인지에 〈나는 계획한다, 분서焚書를〉이란 제목의 글을 발표했다. 그 이듬해 8월에는 이를 표제로 하여 산문집을 출간하기도 했다. 올해 들어 어느 날 우연히 이 글을 다시 읽게 되었다. 책에 대한 남다른 욕심과 집착이 묻어나는 글이었다. 글은 이렇게 끝나고 있었다.

 나의 책들에 대해 책임을 다하기에는 시간과 힘이 부족하다. 내 품안에 들어온 것도 온전히 품지 못하는데, 또 새로운 인연을 맺는 것은 기존의 책에 대한 예의가 아닐뿐더러 과욕이다. 자유를 위해 책을 옆에 두었지만, 두면 둘수록 자유에 목마를 수밖에 없지 않은가. 더 큰 자유로 가는 길은 붙잡고 있는 줄을 놓는 일이다. 가슴이 아파도 되돌아보아서는 안 된다. 물론 품위 있는 이별이 되어야 한다. 홀대받을 것을 뻔히 알면서 알량한 선심을 앞세워 누구에게 건네고 싶지 않다. 내 자식에게 물려준다 해도 크게 환영받지 못할 것이며, 멀잖아 쓰레기 더미에 던져지고 말 것이다. 나는 내 책이 공부를 위해서만 필요했던 것이 아니다. 그 자체를 하나의 존재로 인정하고 싶다. 그래서 언젠가는 책상 위에 단 한 권의 책도 놓이지 않은 그런 공간을 만들어야겠다는 꿈을 꾼다. 그것은 지금까지 쏟아온 책에 대한 열정과 욕망을 승화시켜 가장 아름다운 한 권의 책에 새기는 일이다. 그 책은 종이로 된 두께 있는 책이 아니라 내 영혼의 책이다.

나는 계획한다, 분서焚書를.

당시 보유한 책이 적잖았다. 연구실 벽면 서가를

가득 채우고도 넘쳐 바닥에까지 쌓아 놓은 상태였다. 그 책들을 바라보면서 언젠가는 버려야 한다고 생각하니 허망함이 엄습했다. 사랑하는 사람을 떠나보내는 아픔이 이런 것이 아닐까. 그냥 떠나보낼 수가 없을 것 같았다. 꼭 이별해야 한다면 남의 손에 가서 천덕꾸러기가 되는 것보다는 내 품안에서 불태워버리는 것이 낫겠다고 생각했다. 그래서 '분서를 계획한다'는 가당찮은 말을 했다. 그런데 15년의 세월이 흘렀는데도 책에 대한 집착은 변함이 없다. 지금도 한 달에 한두 번은 서점이나 온라인에서 적잖은 책을 구입한다. 아마 달 평균 10권이 넘을 것이다. 여전히 책에 대한 맹목적인 집착과 욕망을 청산하지 못하고 있다.

2021년 2월에 재직하던 학교에서 정년퇴임을 하게 되었다. 퇴임하기 전 마지막 학기는 수업 없이 안식하도록 학교에서 배려해 주었다. 수업을 안 하는데도 월급은 주었다. 그간 고생했으니 6개월 동안은 쉬어도 된다는 학교의 배려가 고마웠다. 그 보답으로 연구실을 일찍이 비워주기로 했다. 퇴임 6개월 전, 2020년 8월에 연구실을 다른 교수가 사용할 수 있도록 개인 집기와 책을 옮겼다. 연구실을 메웠던 책의 반 이상을 버렸다. 교수로서 현직 생활이 끝난다는 사실을 받아들일 수밖에 없고 보니, 책에 대한 그간의 병적인 애착도 줄어들 것 같았다. 그래도 버릴 수 없는 책은 마련해 두었던 개인 사무실로 옮겼다. 자료집은 대부분 나와 같은 전공자인 후배 교수에게 넘겨주었다. 퇴직을 기회로 책을 정리하고 나니 한편으로는 서운하기도 했으나 한결 마음이 홀가분했다.

내가 책을 사는 통로는 두 가지다. 첫째는 신간 소개를 보고 관심이 끌리면 메모해 두었다가 서점에서 직접 구입하거나 인터넷 주문을 통해 손에 넣는다. 각종 신문의 책 소개란을 빠지지 않고 살핀다. 구입하는 책은 주로 인문학과 사회학 분야 국내 신간이다. 번역서가 큰 비중을 차지한다. 몇 년 전부터 출판사 일을 하다 보니 출판이나 편집에 관한 저술도 눈여겨보는 편이다. 이제는 전과 달리 참았다가 신중하게 책을 선택한다. 그런데 지인이 소개한 책이나 저널의 신간 소개란에서 접한 책을 인터넷으로 구입하고 보면 만족도가 반타작도 안 된다. 인터넷으로 책을 주문해서 처음 책장을 넘기는 순간 실망했던 적이 한두 번이 아니다. 이런 일에 이골이 난 터라 그러려니

한다. 이런 까닭에 가능하면 서점에 가서 눈으로 책의 실제 모습과 내용을 확인하고 구입한다.

둘째로 글을 쓰다가 급하게 자료가 필요할 때는 서점에 그 책이 있는지를 확인하고 달려가거나 전자책이 있으면 내 서재에서 곧바로 구입한다. 근래에 들어와 나의 개인 전자책 서고에 식구들이 빠르게 늘어나고 있다. 내가 주로 쓰는 글은 문학 비평문이다. 학문연구에 종사하면서 밴 습관으로, 글을 쓰면서 참고 자료에 예민하게 반응한다. 비평문 한 편을 집필하면서도 참고해야 할 문헌이 많다. 집필 과정에서 참고 문헌 검색과 읽기에 상당한 시간을 쓴다. 꼭 참고해야 할 문헌이 있으면 서둘러 그것을 입수한다. 이렇게 하다 보니 내 서재에는 책이 넘쳐난다.

15년 전, '나는 계획한다, 분서를'이란 글을 쓸 때, 분서하겠다는 내 이야기는 지금 생각해 보니 책에 대한 집착과 욕망의 또 다른 표출이었다. 역설에 불과했다. 하지만 지금은 진심으로 내 책과 이별할 수 있을 것 같다. 일전에 논문을 검색하다가 대학교 한참 후배의 글이 눈에 들어왔다. 사유와 문장력이 뛰어났다. 수소문하여 직접 통화를 했다. 그렇다. 소장하고 있는 책이 학문을 연구하고 글을 쓰는 이런 후배들한테 필요하다면 아낌없이 주고 싶다. 만약 한국 수필을 연구하는 사람이라면, 그에게 내 책을 주는 기쁨은 배가 될 것 같다.

지인이 인터넷 중고 서점에 책을 내어놓으면 필요한 사람이 있지 않겠느냐고 했다. 그것도 방법이긴 하지만, 돈을 받고 다른 사람에게 내 책을 넘기는 것은 지금으로서는 받아들일 수 없다. 최후 방법은 손수레로 폐지를 수집하는 사람에게 작은 횡재를 안겨주는 것이다. 시간과 노력과 정신과 감정으로 얽힌 내 책들, 곧 이들과 이별해야 할 시간이 올 것이다. 15년 전에는 너무나 아끼고 사랑하는 마음에서 불태우겠다고 어깃장을 놓았지만, 이제는 불태우지 않고 마음 편하게 이별하는 길을 찾아 볼 생각이다.

노년의 삶은 하나씩 내려놓고 비워가는 것임을 나 자신에게 되새기는 오늘이다.

외로워도
괜찮다

신문 책 소개란을 읽던 중이었다. 낯익은 이름이 눈에 들어왔다. 반갑고 궁금한 마음으로 기사를 자세히 읽었다. 대학 학부 동기가 자신이 재직했던 대학 출판부에서 1,100페이지 분량의 연구서를 출간했다는 기사였다. '관점의 전환과 새로운 해석'이란 부제가 붙은 《훈민정음의 문화중층론》이란 책이었다. 책 소개 글과 목차를 훑어보았다. 대작이었다. 놀라웠다. 짧은 기간에는 이룰 수 없는 학문적 성과인 것 같았다. 무게와 깊이가 느껴졌다. 학자로서 평생 업적을 결집하는 저서로 보였다. 그는 3년 전 나와 같은 시기에 퇴직했다. 퇴직 후 몇 번 통화하거나 만났지만, 이처럼 학문연구의 열정을 이어왔다는 점은 몰랐다. 곧바로 전화해 연구서 출간을 축하한다는 인사를 건네고, 며칠 후 만나 점심을 같이하기로 약속했다.

식당에서 만나 그의 저서를 건네받는 순간 '친구야, 너는 진정한 학자로구나'라는 생각과 함께 존경심이 느껴졌다. 책 출간 후 부모님 묘소를 찾아 학자로서 최선을 다했노라고, 부끄럽지 않게 살았노라고 고했다고 한다. 이 말을 하는 그가 자기 책에 대해 큰 자부심을 가지고 있음을 느꼈다. 연구서 출간 과정에 있었던 이런저런 이야기를 나누었다. 그런데 감동적인 것은 이 방대한 책을 두 사람이 완독했다는 이야기였다. 한 사람은 국내 최고의 국어학자인 선배 교수인데, 2주 만에 완독하고 격려 전화를 보내왔다고 했다. 다른 한 사람은 그의 아내였는데, 비전공자라서 절반도 이해할 수 없는 내용을 끝까지 읽었다는 것이다. 아마 남편의 평생 업적에 대해 경의를 보여 준 것이 아니겠는가. 그냥 수고했다는 말에 그치지 않은, 그 진정성에 가슴이 뭉클했다.

그 무렵, 나도 세 권의 책을 출간했다. 합해서 1,300 페이지에 이르는, 나름대로는 절대 가볍지 않은 성과였다. 우여곡절도 많았다. 어차피 돈 주고 이 책을 사 볼 사람이 없다는 점을 아는지라, 공부에 조금이라도 보탬이 되었으면 하는 바람에 주위 사람들에게 책을 보내 주었다. 그런데 허탈감에 빠졌다. 새삼 외롭다는 느낌마저 들었다. 책을 받고 축하 전화와 문자를 준 사람도 있었다. 어떤 사람은 선물을 보내오고, 어떤 사람은 책을 더 주문하기도 했다. 하지만 그 누구도 책을 잘 읽었다든가 공부에 도움이 되었다고 전하는 사람은 없었다. 애초에 기대하지는 않았으나 사람들의 무관심이 섭섭했다. 이보다 더 맥 빠지게 한 것은 자주 얼굴을 맞대던 사람이나 가족들의 무관심이었다. 내 책이 흥미 있는 읽을거리가 못 되니 그럴 수밖에 없을 거라며 마음을 달랠 수밖에 없었다. 어느 날 사무실에서 '나 홀로 출판기념회'를 열었다. 막걸리 몇 잔 마시면서 '수고했다'며 나 자신을 위로하고 격려했다. 혼자라도 괜찮다면서.

이야기 가운데 친구는 이렇게 말했다. 앞으로 꼭

이루고 싶은 연구 과제가 있는데, 삶이 10년만 더 허락되면 좋겠다고 했다. 그러려면 건강도 문제지만 외로움을 견디는 데 익숙해져야 한다고 했다. 지금으로서는 책 읽고 글 쓰는 일로 해서 외로움을 크게 느끼지 않는데, 나이가 들수록 이것이 쉽겠냐고 여운을 남겼다. 그렇다. 문제는 외로움을 어떻게 견디느냐이다. 나도 퇴직 후 벌써 3년째다. 모임에 참석하거나 지인들을 만나는 일을 최소화하고 일상을 거의 서재에서 보낸다. 퇴직한 교수 대부분은 '백수가 과로사한다'는 말을 구호처럼 뱉는다. 운동, 여행, 취미 생활로 눈코 뜰 새 없단다. 그런데 자신의 전공 공부를 퇴임 후에도 이어가는 사람은 그리 많지 않은 것 같다. 이들의 선택이 현실적이고 합리적이다. 은퇴 후 유유자적하면서 몸이 시키는 대로 사는 것이 최선이 아니겠는가. 서재에 갇혀 굳이 외로움과 대적할 필요가 있겠는가. 지금 내가 하고 있는 일에 회의가 밀려올 때도 있다.

어느 순간부터 내 주위에 머물렀던 사람들이 하나둘 멀어져 간다. 그들을 흡인할 수 있는 힘과 매력이 떨어진 결과이리라. 처음에는 나로부터 멀어져 가는 사람을 보면서 서운하고 배신감이 들기도 했다. 이제는 익숙해지고 있다. 이렇게 적응하다 보면 외로움이란 불청객을 편하게 맞이할 듯싶다. 그리고 모두가 멀어져 떠난다고 하더라도 끝까지 남아 내 옆을 지켜줄 책과 글쓰기가 있지 않은가. 지금으로서는 어떤 외로움의 강적도 너끈히 대적할 정도로 굳건하다. 마지막 나에게 주어진 과제, '한국현대수필사'를 집필하는 일이 그것이다. 내가 자발적으로 설정한 과업이기에 부담도 적다. 올해 초부터 그 일을 시작했다. 남은 시간이 넉넉하지 않고, 중간에 중단해야 할 상황에 직면하더라도 서둘거나 조급해 하지 않을 생각이다.

외로움, 그것은 어느 학자의 설명대로 '관계를 향한 인간의 뿌리 깊은 지향'이므로 누구에게나 공평한 존재론적 필요조건이다. 주관적 감정이기에 많은 사람과의 관계 속에서도 외로울 수 있고 혼자 있어도 외롭지 않을 수 있다. 그리고 간절히 하고 싶은 일이 있다는 것만으로도 내 노년의 삶은 외로움을 충분히 감당하리라 믿는다.

급행 버스의
언어

 우리 동네를 경유하는 급행버스를 탄다. 도심에 있는 서점에 갔다가 집으로 가는 길이다. 버스 안은 만원이다. 빈 좌석이 없는 것은 물론이거니와 통로에 서 있는 승객도 적잖다. 조금이라도 여유 있는 공간을 찾으려고 사람들 사이를 비집고 앞으로 나아간다. 버스가 출발하는 순간 몸이 한쪽으로 쏠리면서 넘어질 것 같다. 멈춰 선 자리에서 오른손으로 머리 위의 손잡이를 꽉 잡는다. 버스는 수시로 요동친다. 왼손으로는 책을 넣은 제법 무거운 종이가방을 움켜쥐고,

양다리에는 힘을 주어 버티다 보니 등골에 땀까지 흐른다. 택시를 탈걸 하고 후회한다.

이 급행버스는 대구시 남쪽과 북쪽 끝을 잇는 노선을 왕복 운행한다. 도시 한복판을 통과하는 터라 항상 승객이 넘쳐난다. 운수업자 쪽에서 보면 황금노선임이 분명하다. 대구시 북쪽의 외진 지역에 사는 나는 이 급행버스를 자주 이용한다. 대부분의 모임 장소도 그렇고, 한 달에 한두 번 찾는 서점도 도심에 위치하는지라 이 버스는 나에게 아주 편리한 교통편이다. 도심까지 소요 시간이 20분밖에 되지 않는다는 점도 버스를 애용하는 이유 중 하나이다. 어지간하면 승용차보다 버스를 이용한다. 그 세월이 10년이 넘었다.

그런데 이 버스는 이름값을 제대로 한다. 자신에게 붙여진 '급행'이란 책무를 수행하는 데 한 치의 게으름도 없는 듯하다. 그의 존재는 온통 '급행'에 집중되어 있다. '급행'이란 계급장을 앞세워 면책특권을 가진 것처럼 행동하기도 한다. 차선 위반, 과격운전, 급브레

이크 밟기, 끼어들기, 잦은 경적은 예사다. 노약자는 좌석에 앉아서도 앞좌석 등받이 손잡이를 힘주어 잡지 않으면 낭패를 본다. 이 급행버스는 오직 빨리 달리는 것만이 존재 이유인 양, 그리고 그것이 승객을 위한 일인 양 도시의 혼잡한 도로를 질주한다.

1960년대 고향을 떠나 대구로 유학 오면서 고향을 왕래할 때마다 완행버스를 타야 했다. 당시 빨리 가는 급행이나 직행이 늘 부러웠다. 1980년대 직장이 안동에 있어 대구와 안동을 논스톱으로 운행하는 무정차 버스를 탔다. 여러모로 편리했다. 그리고 1988년부터 박사과정 공부로 5년간 서울을 왕래했다. 일주일에 한 번꼴로 대구서 안동, 안동서 서울, 서울서 대구로 이동할 때마다 고속버스나 새마을호 기차를 택했다. 지금은 타지역으로 이동할 때 승용차 아니면 고속철 KTX를 탄다. 그간 교통편 선택의 우선 기준은 '빨리'였다.

버스 안 좌석에 앉은 사람 대부분은 스마트폰에 코를 박거나 눈을 감고 있다. 균형을 잡으려고 용을 쓰는 초로의 남자는 그들의 관심 밖이다. 안내 방송에서는 '노약자를 위해 자리를 양보하자'는 실효성 없는 멘트가 흘러나온다. 좌석에 앉아 가는 학생이 내 가방을 잠시 받아 주면 좋을 텐데, 그럴 기미가 전혀 없다. 좌석에 앉아 산 책을 훑어보면서 귀가할 때도 있으나 그런 행운이 자주 있는 것은 아니다. 손잡이에 매달려 오는 날이면 내 자신이 고립무원의 외톨이로 존재하는 것 같다. 늙음을 확인하는 듯해 비애감마저 느낀다.

세상은 빠른 속도를 원한다. 일찍 도착하고, 빨리 성공하고, 앞서 성장하려는 욕망은 더욱더 빠른 속도를 요구할 것이다. '급행' 뒤에 '초급행'이, '고속' 뒤에 '초고속'이 이어질 것이 뻔하다. 급행버스와 고속철에 편승해 살아온 나 자신을 되돌아본다. 이 몹쓸 세상이 나에게 빠른 욕망을 부추긴 것 같지만, 급행버스와 고속버스를 운전해 온 주체는 아이러니하게도 바로 나였다. 고속으로 달려온 인생의 급행버스가 숨이 차서 헐떡거리고 있다. 곧 수명을 다해 엔진이 꺼지고 말 것인데, 여전히 급행버스를 운전하고 있다.

11층 우리 집 현관 엘리베이터 앞에서 1층으로 내려갈 버튼을 눌러 놓고 아내를 기다린다. 집안에서 어정거리며 아내는 금방 나오지 않는다. 기다리는 데 조급증이 난다. 다시 현관문을 열고 고함을 친다. "빨리 나오지!" 나는 여전히 '빨리'라는 말을 입에 달고, '급행'이란 헛된 가치를 삶의 우선순위에 두고 사는 것 같다. '급행버스'는 내가 타는 버스가 아니라 내가 몰고 가는 버스였다.

수필/SUPIL

두 달 전 경매를 통해 계용묵(1904~1961)의 수필집 《상아탑》을 손에 넣었다. 아쉽게도 1955년 초판이 아니고, 1957년(우생출판사, 단기 4290년) 3월 15일에 발행된 것이었다. 고서, 고문서, 고미술 종합경매 전문업체인 '한옥선'(대구 봉산문화거리 소재)에 우연히 들렀다가 난생처음으로 경매에 참여하게 되었다. 매월 첫째 주 토요일에 현장 경매가 이루어지는데, 그 하루 전인 금요일에 경매 현장에서 그 달 경매에 나오는 물품 전체가 전시되었다. 고서와 고문서가 주를 이루는데 한 모퉁이에 20세기 전반기에 발행된 한국문학 작품집 다수가 나와 있었다. 이날 5권의 책(수필집 2권, 시집 1권, 소설집 1권, 잡지 1권)을 응찰했다. 그중에는 계용묵의 단편소설집 《별을 헨다》(초판본, 1949년 발간)도 있었다. 꼭 구매하고 싶으면 예약가를 높여야 한다는 조언에 따라 시작가 5만 원인 《상아탑》은 33만 원에, 시작가 10만 원인 《별을 헨다》는 25만 원에 예약가를 적었다. 경매 결과 수필집 두 권만 나한테 낙찰되었다. 소설집 《별을 헨다》의 낙찰가는 65만 원이었다. 원했던 두 권의 수필집을 구매하게 되어 기쁨이 적지 않았지만, 한편으로 씁쓸한 기분을 떨칠 수가 없었다. 내 것을 이유 없이 빼앗긴 듯한 억울함이 마음 한구석을 스쳐 갔다. 수필이 시장의 교환가치에서도 다른 장르에 크게 밀리는 현실을 생생하게 목격했기 때문이다.

유튜브에서 중학생을 대상으로 하는 어느 수필 강의를 듣고 황당함을 감출 수가 없었다. 그 강의는 수필에 관한 일반적 인식이 어디에 머물며, 얼마나 큰 오류를 범하고 있는지를 잘 말해 주었다. 강사의 이야기인즉슨 '수필은 누구나 자유롭게 쓸 수 있는 비전문가의 글'이라는 설명이다. 특별한 제약 없이 누구나 자유롭게 쓸 수 있는 것이 수필이라는 풀이는 언뜻 보면 수필의 장점을 말하는 것 같이 들린다. 하지만 이 말은 한국 현대 수필문학사 100년 동안 엇비슷한 뜻으로 되풀이되어 문학 장르로서 수필의 위상에 적잖은 흠집을 냈다. 시나 소설은 전문적인 식견과 창작방법이 요구되나 수필은 그렇지 않다는 것이다. 여기에는 수필을 열등한 문학으로 인식하는 시각이 전제되어 있다. 수필을 누구나 쉽고 자유롭게 창작할 수 있다면, 시와 소설도 마찬가지다. 수필이 시와 소설보다 대중 접근성이 크다는 정도의 뜻이라면 받아들일 수 있다. 그러나 지금과 같은 디지털 시대 수필 쓰기에 전문성이 필요치 않다는 것이 진실이라면, 시와 소설 쓰기도 마찬가지다. 시와 소설 창작에 전문성이 요구된다면, 수필 창작에도 그 못잖게 전문성이 뒤따라야 한다. 그 강사의 말이다. "수필은 일기와 비슷하다. 누구나 일기를 쓸 수 있듯이 중딩 초딩 유딩도 수필을 쓸 수 있다"라고 덧붙였다. 가능한 말인가. 어쩌다 여기까지 이르렀을까.

한국문화예술위원회가 주관하는 '문학나눔'이나 '아르코수필창작기금지원' 등의 사업을 보면, 수필가들이 그 선정에서 소외되는 것 같다. 이것이 전적으로 작품 수준 문제라면 할 말이 없다. 과연 그런가. 수필을 문학 장르의 하나로 설정했으면 수필의 본성과 가치를 선정의 중심 기준으로 삼는 것이 마땅한데, 실상은 그렇지 않다. 금년도 수필창작기금지원사업 심사평에 참신하고 일관된 주제를 고수한 작품이 심의위원의 눈길을 더 많이 끌었다는 대목이 나온다. 통일된 주제의 작품집을 우선했다는 말이다. 작품집도 한 권의 읽을거리이므로 전체 통일성은 가독성을 높이는 중요한 요소임이 분명하다. 그런데 수필집 한 권에 수록된 40~50편의 작품 각각은 다른 작품과의 유기적 관련성을 따지기 전에 그 자체로서 완성된 세계를 담은 독립체다. 따라서 먼저 개별 작품의 완성도가 평가 중심이 되어야 한다. 그리고 수필을 낮게 평가하는 근거로 '신변잡기'를 거론하는 경우를 자주 접한다. '신변잡기'는 폐기의 대상이 아니라, 잘 살려야 할 수필의 고유성이다. 사소한 삶의 경험을 수시로 기록하고 그 의미를 탐색하는 것이 수필의 본질이기 때문이다. 한 권의 수필집에는 작가의 잡다한 경험과 가치가 파편처럼 흩어져 있기 마련이다. 이를 신변잡기로 매도하는 것은 수필의 본질을 제대로 이해하지 못한 탓이다. 정부 주도 사업에서 수필이란 범주를 설정하고서 진짜 '수필'은 외면하고 '산문'이나 '에세이'라는 이름에 높은 점수를 매기는 이 모순된 현실을 어떻게 이해해야 하는가.

현대 한국 수필은 두 종류의 이름에 발목이 잡혀 점점 자신의 고유성을 잃고 있다. 첫째는 '隨筆'이란 한자 이름이다. 원래 '수시로 쓰고 기록한다'는 의미가 1930년대에 이르러 '붓을 따르다, 붓 가는 대로'라는 의미로 인식되면서, 수필은 하급문학 대접을 받는 아이러니한 운명에 갇혀버리고 만다. 결과 '붓 가는 대로'의 함의는 수필 장르의 핵심 표상으로 정착하고 말았다. 오늘날 외부에서 수필을 깔보고, 내부에서 자긍심을 가지지 못하는 것도 여기에서 시작되었다. 두 번째 이름은 'essay'이다. 1930년대 서구문학 전공자들은 당시 확산일로를 걷던 수필을 서구의 에세이로 규정했다. 그 후 에세이는 수필의 다른 이름으로 확정되었다. 말의 뜻은 시대의 흐름에 따라 변하는 것이므로 수필이 에세이로 불리는 것에 굳이 토를 달 필요는 없다. 하지만 에세이는 수필을 서구 지향적이고 세계 보편적 장르에 귀속시키려는 의도에서 출발한 이름이다. 수필은 우리의 고유한 역사적 장르이다. 서로 차이를 드러내는 수필과 에세이를 동질적인 것으로 묶으므로, 더욱이 수필이 에세이에 흡수되는 듯한 경향이 강해지면서 수필의 고유성은 점점 희미해져 가고 있다. 수필이 한자 이름 '隨筆'에 구속되면 열등 문학의 굴레를 벗을 수 없다. 수필이 '에세이'에 힘을 빼앗기면 100년 동안 축적해 온 그 고유한 미학은 무너지고 말 것이다. 우리가 지켜야 할 수필은 우리말 '수필'이고, 영어 표현으로는 그냥 'supil'이어야 한다.

방법과
기술

헬스장에서 있었던 일이다.

평상시 수인사하고 지내는 한 남자가 다가오더니 나의 운동 방법이 잘못되었단다.

"교수님도 잘못된 것은 고치고 배울 것은 배워야지요."

"저의 동작이 좀 어설프기는 합니다만…"

나의 헬스 기구 사용법이 틀렸다며 직접 시범을 보여주며 자기 나름의 요령을 설명하기 시작했다. 오랜 운동으로 다져진 탄탄한 근육질 몸매가 벌써 나를 압

도했다. 거기다가 기구 사용법을 설명하는 말투에도 자신감이 넘쳤다. 과학적 원리나 근거까지 대는 그의 교육을 거부할 수 없었다. 반신반의하면서도 그의 훈계에 가까운 강의를 유순한 학생의 태도로 경청했다.

집 가까이 있는 이 헬스장에 다닌 지가 20년이 넘는다. 주로 새벽에 가서 운동 후 목욕하고 오는 일이 습관화되었다. 그간 운동하는 데 특별한 방법이나 기술을 염두에 두지 않고 몸에 밴 대로, 그냥 마음 내키는 대로 해왔다. 다른 사람이 하는 모습을 곁눈질하면서 대충 따라 하는 것이 방법이라면 방법이었다. 코치가 와서 자세를 교정하는 일도 있었으나 아주 드물었다. 한마디로 헬스장에서 나의 운동은 방법이나 기술을 전제하지 않은 자연스러운 몸의 움직임이었다. 과학적인 방법과 기술에 바탕을 두고 운동했다면, 그 효과가 훨씬 더 컸을지도 모르겠다. 그렇다고 방법과 원칙을 무시하고 해온 내 운동이 전혀 효과가 없었다고 할 수 있겠는가.

나의 문제점을 지적하고 자기 방식을 가르쳐 준 그 사람은 자신의 방법과 이론에 대한 확고한 신념을 가지고 있었다. 자기의 방법보다 더 나은 것이 있을 수 있

방법과 기술

다는 여지를 전혀 두지 않았다.

그런데 이 광경을 코치가 좀 떨어진 곳에서 유심히 지켜보고 있었다. 그 남자가 자리를 뜨자 코치가 나에게 다가와 두 팔로 'X' 표시를 해 보였다. 전문가의 관점에서 볼 때, 그 남자의 설명이 틀렸다는 메시지를 보내온 것이었다. 이유가 궁금했다. 그 사람의 설명이 전부 틀린 것은 아니지만, 그렇다고 그러한 세세한 원칙이나 방법에 구속될 필요는 없다고 했다. 일반적인 원칙보다는 운동하는 사람의 개인 상황에 따라 방법을 융통성 있게 찾아야 한다는 주장이었다.

"회원님 편하신 대로 하세요. 욕심내면 몸에 무리가 옵니다."

그 후 헬스장에서 운동할 때, 두 사람의 입장 다른 말이 가끔 떠올렸다.

어느 날 헬스에서 요구되는 방법이란 것이 글쓰기에도 그대로 적용될 수 있다는 생각이 들었다. 어떤 일을 하든 그 일을 훌륭하게 잘 해내려면 방법과 기술이 필요하다. 그러나 방법의 일반성이 구체성을 묻어버리면, 방법은 없는 것만 못할 수도 있다.

  헬스든 글쓰기든 그 진수는 방법과 기술 너머에 있는 듯하다.

그곳은 있다

올 4월 가족과 함께 경기도 포천과 강원도 철원 일대를 2박 3일 동안 여행했다. 여행의 주된 목적은 44년 전, 2년 동안 근무했던 군부대를 찾아가 보는 것이었다. 평상시 가족들과 대화하면서 군 생활 이야기를 종종 했다. 이야기 실마리가 주어지면 신명 나게 풀어냈던 것이 군대 이야기였다. 우스갯소리로 '군대 이야기와 군대에서 축구했던 이야기만큼 지겨운 것이 없다'고들 한다. 이 점을 모르는 바 아닌데도 군 경험을 이야기할 때마다 내 말은 고삐 풀린 망아지처럼 이리 뛰고 저리 뛰었다. 그러면서 늘 한번 그곳에 가보고 싶다는 말을 흘리곤 했다. 마침, 10년 넘게 나의 군대 이야기를 들으며 맞장구치던 사위가 주선하여 철원 여행을 나섰다. 사위도 포천에서 포병 장교로 5년간 근무한 경력이 있어 내심 본인도 한번 옛 근무지에 가보고 싶었던 모양이다.

나는 철원의 두 곳에서 2년 못 미치는 기간 동안 포병 하사로 근무했다. 1980년은 철원 와수리에서, 1981년부터 1982년 2월까지는 지경리에서 근무했다. 이번 여행에서 들렀던 산정호수, 고석정, 승일교, 한탄강, 철원 주상절리 등의 명소는 군 복무 당시 훈련 중에 더러 접했던 장소여서 이름이 낯설지 않았다. 그런데 40년이 넘는 시간은 내 기억의 지도를 완전히 찢어놓고 말았다.

먼저 와수리에 갔다. 그때 나지막한 산자락에 있었던 부대 막사는 보이지 않았다. 와수리 도심 한복판에서 점심을 먹으며 주인이 알려 준 대로 부대 몇 군데를 찾아갔으나 당시 내가 근무하던 장소를 만날 수 없었다. 그곳은 대한민국 어느 지역에서나 볼 수 있는 도농의 소도시로 변해 있었다. 단지 하천을 가로지르는 다리와 춘천으로 가는 도로 표지판에서 그때 기억을 어슴푸레 떠올릴 수 있을 뿐이었다. 40여 년 전 그 장소는 어디로 사라졌단 말인가. 그간 붙잡고 있던 추억의 끈은 허망하게 끊어지고 말았다. 시간 속에 묻힌 과거를 캐려는 나 자신이 안쓰럽기까지 했다. 그곳이 낯설었다. 빨리 벗어나고 싶었다.

지경리도 마찬가지였다. 흔적을 더듬어 보았으나 허사였다. 그때의 부대가 있던 곳이 저쯤이겠지 하면서 가보았으나 예상과는 달리 낯선 장소가 얼굴을 내밀었다. 들판 사이로 흐르는 개천이 당시 일요일이면 부대에서 나와 빨래하던 곳이 아닌가 싶기도 했으나 이를 확정할 수 있는 어떤 단서도 찾지 못했다. 큰 도로에서 부대로 들어가는 진입로에는 여름이면 코스모스가 흐드러지게 피었는데, 그 길은 지금 어디에 있는가. 사라졌는가 아니면 찾지 못하는가. 거기에 그대로 있으리라고 생각하며 그리워했던 그곳, 막상 확인할 수 없게 되니 공허함이 밀려왔다. 기억에 그대로 담아두고 찾지 않았더라면 좋았을 텐데…. 후회가 되기도 했다. 팽팽하던 연줄이 끊어지면서 창공을 날던 연이 이리저리 흔들리며 가뭇없이 사라져 가는 느낌이었다.

여행에서 돌아오는 길이었다. 사위가 슬쩍 물었다.

"부대를 못 찾아서 서운하시지요."

대답하기도 전에 아내가 끼어들었다.

"10년이면 강산도 변한다는 말이 왜 있겠는가. 그대로 거라고 생각한 게 착각이지."

그렇다. 40년 전에 머물렀던 그곳은 없어진 것이 아니라 변화한 것이다. 눈으로 확인할 수 없다고 해서 그곳이 없는 것은 아니다. 기억이 살아 있는 한 그곳은 존재한다. 우리는 지난 기억을 아름답게 다듬으려 하고 오래 간직하며 그리워하는 것 같다. 그것은 누구에게나 인생의 진정한 실체는 품고 있는 기억에서 찾을 수 있기 때문이리라.

무던한 사람으로
보였으면

 코로나로 문을 닫았던 동네 목욕탕이 2년 반 만에 개장했다. 이곳에서 20년 넘게 이발을 해왔던 나로서는 반가운 일이 아닐 수 없었다. 무엇보다 목욕탕 안에 있는 이발소를 이용할 수 있게 되어 여간 다행한 일이 아니었다. 목욕탕이 폐장하는 동안 머리를 깎으려고 동네 이곳저곳을 찾아다녀야 하는 불편을 감수할 수밖에 없었기 때문이다.

 오랜만에 목욕탕 안에 있는 이발소를 찾았다. 그런데 이발사가 바뀌었다. 새로 온 이발사 P는 이전에

시내 어느 호텔 이용소를 경영했는데, 코로나 여파로 이곳까지 오게 되었다고 했다. P한테 한 달에 한 번꼴로 머리를 깎고 염색을 했다. 그의 손놀림이 시원시원했다. 이발하고 염색하는 데 걸리는 시간이 금방이었다. 꼼꼼하게 살피면서 가위를 오래 들고 있는 이발사보다는 빠른 시간에 일을 마치는 P가 마음에 들었다. 그러나 이런 호감은 오래 가지 못했다. 그는 일을 하면서 목욕탕 사장을 향한 불평불만을 쉼 없이 늘어놓았다. 코로나 직후라 손님도 눈에 띄게 뜸했고, 거기다가 사장에 대한 나쁜 평판을 익히 들은 터라 그의 불평에 얼마간 맞장구를 쳤다. 내 맞장구에 힘을 얻어 사장에 대한 그의 불평불만이 강도를 더해 욕설로 이어지기도 했다. 이런 불평을 반복해 듣다 보니 마음이 불편했다. 그가 싫어졌다. 더 큰 문제는 그가 일을 꼼꼼히 하지 않는다는 점이었다. 염색하고 며칠 지나지 않아 곳곳에 흰 머리카락이 보였다. 아내가 이발한 내 모습을 보고 좌우 짝이 진다고 말한 때도 있었다. 그는 자기 일에 성실한 사람이 아닌 듯했다. 그의 불평은 특정한 문제를 벗어나 매사에 습관적으로 뒤따랐다. 부정적인 시선과 비판적 언사가 몸에 배어 있었다. 자신에게 주어진 모든 문제의 원인을 자기 안에서보다는 밖에서 찾는 것 같았다. 결국 그는 일 년을 넘기지 못하고 떠났다.

　P가 떠나고 그 자리에 이발사 K가 왔다. 그는 나이가 칠십이 넘었다. 머리도 백발이었다. 한 달 임시로 있다가 상황을 보고 계약을 하겠다더니 계속 그 자리를 지키게 되었다. 운전면허증을 반납한 처지라 버스와 전철을 번갈아 타고 출퇴근한다고 했다. 코로나 전에 이미 은퇴했는데 다시 일하게 되어 즐거운 나날을 보낸다면서 즐거운 웃음을 감추지 못했다. 손님이 별로 없어서 어떻게 하느냐고 걱정해 주면 전혀 개의치 않는다고 했다. 손주들 용돈 줄 정도만 벌면 된다며 항상 싱글벙글하였다. 이발소 운영에 별 욕심이 없다고 말했다. 마주치는 손님들에게 항상 웃으며 먼저 인사를 건넸다. 그는 일을 하는 데 세심했고 정성을 쏟았다. 이발을 해 보면, 그가 손님에게 최선을 다한다는 점을 금방 느낄 수 있다. 지금까지 K만큼 나에게 만족감을 준 이발사는 없었던 것 같다. 손님이 많냐고 물으면 단골이 점점 늘어나고 있다며 긍정적인 반응을 보였다. 정말로 몇 달 지나지 않아 이발소에

손님이 눈에 띄게 늘어난 것을 목격할 수 있었다. 무관한 나도 이유 없이 기분이 좋았다.

두 이발사를 겪으면서 자문해 보았다. 나는 두 인물 유형 중 어느 쪽에 더 가까운가. 아무리 생각해 봐도 무게 추가 전자 쪽으로 기울었다. 물론 하는 일에 불성실했던 것은 아니지만, 매사를 부정적 시선으로 바라보고 자주 비판과 불만을 앞세웠던 것 같다. 분명 주어진 것에 별로 만족할 줄 몰랐다. 현 사태를 시간을 두고 편안히 관망하지 못하고 새로운 국면 전환을 서둘렀다. 산 너머 보이지도 않는 추상적인 이상을 좇아 경사 급한 산을 오르느라 숨이 가빴다. 그러다 보니 지금 여기에 있는 아름답고 소중한 것을 놓치고는 금방 후회하곤 했다. 이러한 성격 탓으로 몸과 마음이 피폐해진 때도 있었다. 이제 되돌릴 수 없는 시간이 되었지만, 지난 40, 50대가 그랬다. 그렇게 오랜 세월 발을 땅에 제대로 딛지도 못하고 공중을 배회하면서 허우적거렸다.

10여 년 전 《수필미학》을 창간하여 오늘까지 발간하고 있다. 시작할 때는 나름대로 원대한 뜻을 품었다. 시간이 흐를수록 예상치 못했던 이런저런 문제가 생겨나고 마음먹은 대로 일이 잘 풀리지 않았다. 특히 인간관계에서 오는 스트레스가 만만찮았다. 현실적인 문제의 무게가 무거워지자, 처음 지녔던 뜻이나 목표 의식이 점점 희미해졌다. 잘못 시작했다는 후회가 고개를 쳐들며 마음의 균형감각을 잃어 갔다. 사람들 앞에서 짜증스러운 모습을 보이기도 하고, 툭하면 불평불만을 터트렸다. 대부분의 불평불만은 문제를 남 탓으로 돌리는 데서 시작되었다. 종국에는 하지 말아야 할 말을 뱉고 말았다. "그만두어야겠다, 문 닫으면 그만이다, 10년만 하고 끝내겠다" 등의 막말을 수시로 흘렸다. 누가 등 떠민 것도 아니고 뜻이 있어 나 스스로 시작한 일을 두고 이런 태도를 보였으니 나에 대한 주위 사람들의 실망이 얼마나 컸겠는가. 지켜보던 어느 지인이 그만둘 때 그만두더라도 그만둔다는 말 그만했으면 좋겠다고 일침을 놓았다. 정신이 번쩍 들었다. 내 인품의 그릇이 이것밖에 안 되는구나라는 생각이 들자 자괴감이 밀려왔다. 이를 계기로 자성하며 마음을 고쳐먹고 《수필미학》 발행을 지금까지 이어오고 있다.

사실 속좁고 진중하지 못한 성격 때문에 좋은 사람들이 내 곁을 떠났다. 마음이 좁아 사람들을 푸근히 품지 못하고 밀어내기만 했던 지난날의 태도를 자책한다. 이제 현실을 합리적으로 판단하는 명쾌한 사람이 되겠다는 생각을 접는다. 손해 보는 것이 뻔한데도 묵묵히 제자리를 지키는, 다소 모자라는 사람으로 살고 싶다. 다른 사람에게 똑똑한 사람보다는 무던한 사람으로 보였으면 좋겠다.

↘ 우리는 개인의 능력 평가가 객관적일 수 없는데도 그것을 앞세워 차등화하는 데 익숙해져 있다. 그래서 내 마음속에 뿌리내린 서열화의 잔재를 먼저 씻어내야 한다.

-〈문학판에도 서열화〉에서

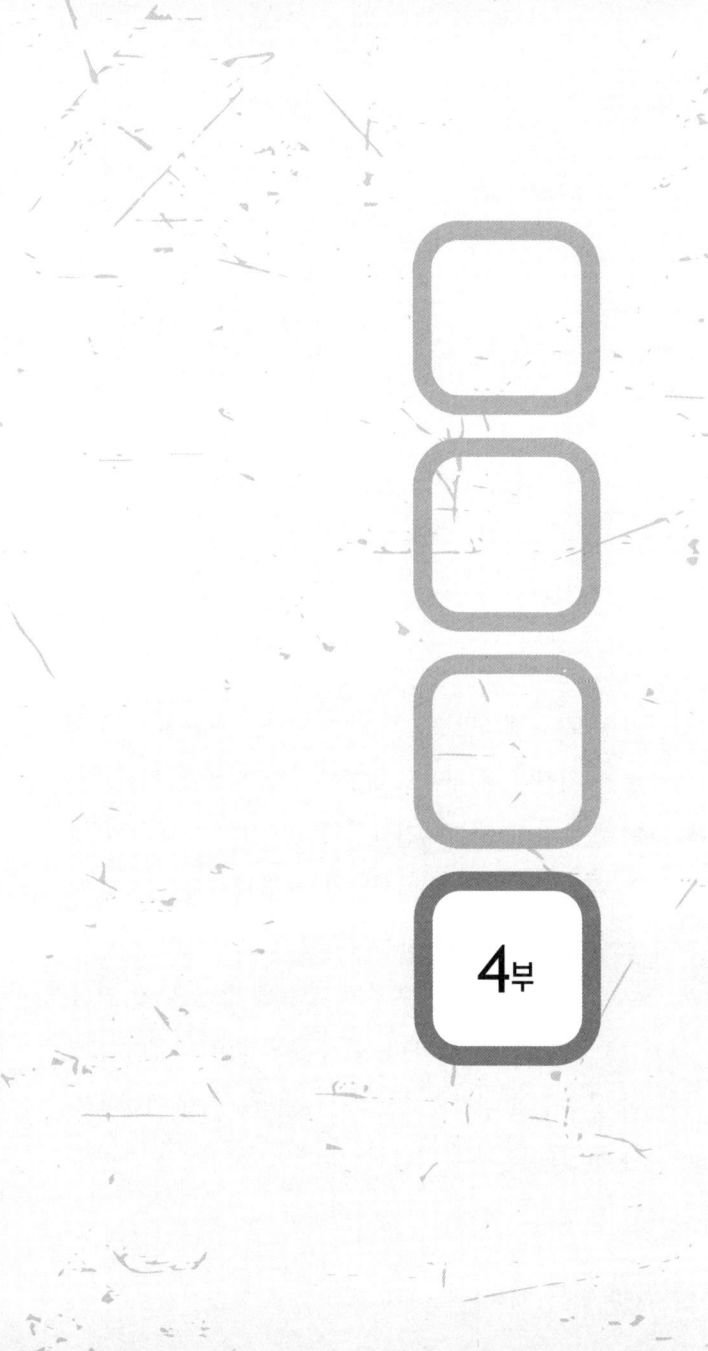

비대면과
초연결 시대

 코로나 팬데믹 3년은 인류 역사의 흐름을 바꾸어 놓는 기점이 될 거라고 말한다. 코로나19를 기점으로 인간 삶의 방식에 대전환이 일어났다는 뜻이다. 변화의 흐름 한가운데 있어서인지 그 결과를 분명하게 꼬집어 말하기는 어려우나 피부에 와 닿는 실상으로 미루어 보건대 일어난 변화가 예사롭지 않은 것 같다. 그중 하나가 '줌 강의'나 '화상회의' 같은 비대면 연결이 급속도로 확장되고 있다는 점이다. 이제 가상공간과 현실의 삶은 분리될 수 없다. 이름하여 '온라이프'

시대 혹은 초연결 시대가 본격적으로 도래했다. 아날로그 방식에 익숙한 필자와 같은 세대에게 이런 변화는 낯설고 혼란스럽기 짝이 없다. 하지만 디지털 매체에 길든 MZ세대와 함께 살아가야 하고, 디지털문화가 대세인 만큼 불편을 감수하고 새로운 변화에 적응할 수밖에 없다. 올해가 퇴직 후 벌써 3년째인데, 어쩌다 보니 여지껏 일반인을 대상으로 하는 줌강의를 진행하고 있다. 심지어 미국 교포들을 대상으로 하는 수필 쓰기 강의까지 하게 되었다. 좋은 강의가 되도록 여러모로 애써 보지만, 채워지지 않는 부분이 적잖았다. 만족스럽지 못하다. 비대면 확대에 그 이유가 있는 것 같다.

비대면 강의 중 수강자 얼굴을 화면에 띄울 수 있으나 오프라인 교실에서 선생과 전체 학생이 눈을 마주치는 것과는 그 접촉의 성격이 다르다. 비디오를 중지하고 이름이나 아바타를 화면에 보여 주는 수강자도 있다. 강사인 나도 내 신체를 가슴 위로만 드러낸다. 비대면 강의는 강의자나 수강자의 몸이 거의 감추어진 상태에서 이루어진다. 강의는 강사의 목소리로만 진행된다. 목소리의 톤이나 음색도 몸의 일부분이긴 하지만, 강의가 진행될수록 강사의 몸은 완전히 소거된 채 추상적인 언어기호와 지식만 부유할 뿐이다. 강의도 일종의 소통 체계이고 대화이다. 대화에서 비언어적 요소는 언어만큼 중요하다. 강사는 수강자의 표정과 자세를 읽으면서 지식을 전달하고, 수강자는 강사의 몸을 통과한 지식을 수용한다. 둘의 몸이 마주할 때 공부나 강의에 함께 참여하고 있다는 느낌이 든다. 몸이 제거되면, 언어를 공유하는 실행 공동체도 성립하기 어렵다. 공간적 한계 극복이라는 비대면 강의의 장점이 몸 언어 부재라는 취약점을 상쇄할 수 있을까.

코로나 3년간 비대면과 거리 두기가 일상의 규칙처럼 굳어진 터라 코로나가 끝난 지금에도 이러한 규율이 관성적으로 작동한다. 사회 구성원 간의 다양한 모임이 없어지거나 축소되었다. 살아남은 모임과 의식儀式 등도 대개 약식으로 진행된다. 재독 철학자 한병철은 이러한 사회적 현상을 '리추얼의 소멸'이라고 진단한다. 그는 "리추얼은 삶에 구조를 부여하고 삶을 안정화합니다. 리추얼은 공동체를 창출하는 가치들과 상징적 질서들이 몸에 배게 합니다"라고 했다. 비대면과 거리 두기가 리추얼 소멸을 가속화한 결과 전통적이고 공동체적 가치가 무너지고 있다. 디지털화는 세계를 탈신체화하는 방향으로 나아간다. 코로나 이후 우리 사회는 신체적 공동체 경험을 상실해가고 있다. 아날로그적 접촉과 대면의 빈자리를 온라인 접촉(온택트 ontact)이 대신할 수 있겠는가. 디지털 매체를 통한 초연결이 세계인을 촘촘히 엮을수록 인간 대 인간의 관계는 옅어진다. 관계는 사라지고 삭막한 연결만이 무성하다. 그것도 인간과 기계의 연결이 그 중심이다.

21세기 인류는 디지털 시대 한가운데서 살고 있다. 비대면의 '초연결'이란 오늘의 이 거대한 문화사적 흐름을 멈추게 할 수는 없다. 대면 문화가 주었던 인간미가 그립다고 해서 지금을 거부하고 물길을 과거로 되돌릴 수 있겠는가. 불가능하다. 2,500년 전 소크라테스가 문자언어 사용에 대해 크게 걱정했으나 인류는 리터러시literacy를 통해 엄청난 지식과 문화를 축적했다. 문자 매체를 밀치고 디지털 매체로 쏠리는 데서 오는 폐해를 비판하지만, 새로운 매체는 우리의 바람과는 다르게 진화를 멈추지 않을 것이다. 인류는 이미 비대면의 초연결 시대 한가운데로 진입했다. 하지만 새로운 매체가 대세를 이루더라도 과거 매체는 완전히 사라지지 않고, 자신의 존재 양태를 갱신하여 생명을 이어간다. 비대면이 대면에 의한 몸의 언어를 약화하지만, 비대면 가운데에서도 몸의 언어는 어떤 방식으로든 자기 활로를 만들어 갈 것이다. 중요한 것은 비대면의 어두운 그늘을 한탄하지만 말고, 그 가운데에서 대면의 가치를 살리는 방안을 강구하는 일이 아니겠는가.

나그네에서
관광객으로

 우리 일행 80여 명이 주차장에서 숲길을 걸어 운문사로 가는 길이었다. 앞서가는 몇 사람이 맨발로 걷고 있었다. 나도 그 자리에서 운동화를 벗었다. 후덥지근한 날씨인데도 발바닥에 닿는 땅의 촉감은 시원했다. 가려운 데를 긁어주는 듯한 상쾌함이 느껴졌다. 살펴보니 맨발로 걷는 사람이 더러 있었다. 몇몇이 맨발걷기에 관해 이런저런 말을 보탰다. 한 사람이 요새 맨발걷기는 거의 '신흥종교 수준'이라고 했다. 공감했다. 맨발걷기를 하는 사람이 많이 늘어난 것을 실감하고 있는 터였다. 나도 아내의 끈질긴 권유로 입문한 지 몇 년 되었다. 퇴직 후 아내와 함께 지내는 시간이 많은 터라 보조를 맞출 수밖에 없었다. 아내는 자주 맨발걷기의 효능을 강조한다. 근자에 내 컨디션이 좋아진 것도 다 맨발걷기의 덕택이란다. 유명 인사의 주장이나 방송 매체까지 동원할 때도 있다. 그때마다 나는 부정도 긍정도 하지 않는다. 확신을 주는 어떤 근거도 찾지 못했기 때문이다. 그것은 나에게 운동의 일환일 뿐이었다. 습관적이고 일상적인 것에 불과했다.

산책길에서 유튜브 방송을 들으며 걷는 사람을 자주 만난다. 이어폰을 끼지 않고 걷다 보니 옆을 지나는 사람에게도 그 내용이 뚜렷하게 들린다. 거침없이 이어지는 그 많은 말은 자기편의 정치적 입장을 내세우는 것이 대부분이다. 거기에는 보수 대 진보, 아군 대 적군, 좋은 놈과 나쁜 놈 중 어느 한 편만 있을 뿐, 중간 지대의 언어는 지워져 있다. 내 편만을 강조하는 흑백논리에는 타자를 인식할 여유가 없다. 그런 언어와 주장을 접하는 사람은 그것을 수용한 후 다른 시

공간에서 확대 재생산하기 마련이다. 명절 때 모처럼 만난 가족끼리 정치 이야기로 불화를 초래한 사례가 비일비재하다. 부자간의 연을 끊은 경우도 있다고 한다. 어떤 소모임은 이런 사달을 방지하려고 '정치 이야기 금물'이란 내규까지 정했단다. 진영 논리와 패거리 싸움에 골몰하는 정치는 국민들마저 편 가르기 판에 끌어들이고 말았다. 타자를 보는 눈을 잃었으니 내 건너편에 있는 세계를 모를 수밖에 없다. 극한 대립의 정치는 괴물 같은 논리를 양산하면서 부끄러움을 점점 잃어가고 있다.

특정 운동선수나 연예인을 열광적으로 좋아하는 사람을 '찐팬'이라 한다. 일부의 열광이 광적 수준에 이르렀다는 뜻에서 '광팬'이란 말도 사용된다. 대상을 받드는 이들의 수준이 때로 신을 숭배하는 것과 같다는 착각을 불러올 정도다. 문화적인 차원에서 출발한 찐팬의 활동이 경계를 넘어 종교적 색채를 띠면, 주체는 무너지고 대상만 부각되고 만다. 주체가 붕괴한 자리에는 대상을 향한 몰입과 열광이 더욱더 득세한다. 문제는 어느 특정인을 향한 열광과 몰입이 같은 계열의 다른 사람을 비난하는 에너지에 기댄다는 점이다. 자기가 숭배하는 대상이 최고일 때, 자신의 열광이 명분을 얻을 수 있기에 경쟁 상대를 무단히 깎아내린다. 자기 욕망이 타인에게 상처를 준다는 것을 인식하지 못한 채로. 몰입과 열광의 바탕은 주관적인 감정과 환상이기에 이성적인 판단을 가로막는다. 진정한 영웅이 없는 오늘날이다. 대중은 정신적으로 기댈 곳을 상실했다. 그래서 위로와 안정을 얻으려고 새로운 영웅을 만들어 그것에 몰입하고 열광한다. 그것이 허상이고 환상인 줄도 모르고 말이다.

인간의 삶은 선택의 연속이다. 여러 선택지 중에 하나만을 고르는 일은 쉽지 않다. 결과는 불확실한데 책임은 모두 선택하는 주체의 몫이다. 무게가 막중한 만큼 선택하는 과정에서 특별한 힘에 기대는 것은 당연하다. 특정 이데올로기에 의지하고 타인의 관점과 욕망을 모방한다. 이 과정에서 주체는 흔들릴 수밖에 없다. 이를 바로 세우려고 주체는 우선 자신의 주관적 취향을 앞세워 특정 이데올로기 혹은 나르시시즘에 빠진다. 그 결과 허상에 매달린 경직된 주체만 남는다. 경직된 주체는 타자를 인식 밖으로 밀어내고 자기 아성을 지키는 데 급급하다. 이를 어떻게 뛰어넘을 수 있을까. 아즈마 히로끼의 '관광객으로서 존재'를 떠올려 본다. "풍요로운 삶을 위해서는 특정 공동체에만 소속된 '마을 사람'도 어느 공동체에도 소속되지 않은 '나그네'도 아닌, 기본적으로 특정 공동체에 속하면서도 때때로 다른 공동체에도 들르는 '관광객' 같은 존재가 되는 것이 중요하다"(《관광객의 철학》, 리시올, 2020). 관광객으로서나마 다른 마을에 들러 그들이 어떻게 사는지 관심을 가져볼 일이다.

수도권에 입성한
아들에게

 아들네가 거제도에 살다가 지난 10월에 수원으로 이사했다. 작년 연말 경기도에 있는 한 회사로 이직한 아들은 이번에 생활 터전을 직장 근처로 옮겼다. 아들이 대학 졸업 후 입사해 10년 동안 근무한 직장을 떠나야겠다며 고민할 때, 아버지로서 나는 아무런 조언도 건네지 못했다. 수도권 시민으로 산다는 것이 새로운 삶의 출발선이 될 수 있다는 생각도 했다. 한편 심리적, 물질적 부담도 만만찮을 것이라는 걱정도 했다. 무엇보다 조금만 이동하면 언제든 남해의 아름다운 바다를 볼 수 있는 거제도를 떠난다는 점이 무척 아쉬웠다. 하지만 지방을 떠나 수도권으로 갈 수밖에 없는 이유를 잘 안다. 지방에서 회사 생활을 하는 젊은이들의 심정을 조금만 헤아린다면, 그들이 수도권행을 택할 수밖에 없는 까닭을 짐작하고도 남을 것이다. 그들은 자본주의 사회가 부추기는 냉혹한 경쟁과 무한한 욕망에 이끌려 어쩔 수 없이 수도권으로 몰린다. 그곳이 희망찬 미래를 약속해 주리라 믿지만, 궁지로 빠뜨리지 않으면 다행이다.

 이사 간 아들네 집에 갔다. 경부선 수원에서 내려 전철을 탔다. 북적대는 사람들 틈에 끼어 우왕좌왕하다가 가까스로 목적지로 가는 전철에 탑승했다. 차에 올라서도 잘못 탄 것은 아닌지 불안한 마음이 가시지 않았다. 긴장한 나와는 달리 차 안을 가득 메운 사람들은 하나같이 스마트폰에 집중하고 있었다. 자연 풍경이 삭제된 공간에 기계 인간들이 모여 바글거리는 것 같았다. 내 아들도 저들 속에 섞여 출퇴근을 반복하며 살아갈 수밖에 없으리라. 아들이 살게 된 아파트 단지에 들어섰다. 새로 건축한 수십 동의 마천루가 숲을 이루었다. 공상과학영화에 나오는 미래의 도시에 온 듯한 느낌이었다. 아파트 동 사이 수로에는 물이 흘렀다. 자연을 위장한 인공, 이 얼마나 키치적인가. 거짓 자연을 앞세워 편안함을 선전하는 꼴. 이는 현대 대도시 안에서 이루어지는 삶이 그만큼 불안하고 삭막하다는 점을 방증하는 것이 아닐는지. 이 도시의 한 공간을 잠시 빌려 살게 된 아들의 삶이 앞으로 평탄하기만을 빌 따름이다.

아들이 수도권으로 이사 간 지 얼마 되지 않은 시점이었다. 여당은 경기도 김포시 서울 편입 방안을 내놓았다. 언론에는 '메가시티'라는 개념까지 등장했다. 한편, 대통령 직속 지방시대위원회에서는 '제1차 지방시대 종합계획'을 발표했다. 모두 나 같은 '듣보잡'들에게는 스쳐 가는 바람 소리로 들렸다. 이 모두를 정치가들이 늘 입에 올리는 '국민을 위한 것'이라고 치자. 하지만 같은 쪽에서 나오는 말이 이렇게 엇박사일 수가 있는가. '지방시대', '국가균형발전', '지방분권' 등의 말을 액면대로 믿지 않지만, 이처럼 속과 겉이 다른 말이 또 있을까 싶다. 박자가 맞지 않는, 이 떠들

썩한 말들이 허구로 드러나는 데는 오랜 시간이 걸리지 않을 것이다. 지역 발전을 입에 올리지 않은 정권과 정치가가 있었던가. 그들이 뱉은 말의 반의반만 실천되었어도 오늘처럼 지역이 황폐해지지는 않았을 것이다. 지역의 아들딸들이 왜 서울로 몰려가 빈난하게 생활해야 하는지 알아야 한다. 이를 개인적 선택의 결과라고만 해서는 안 된다. '지역 발전'이 구호로 끝나지 않기를 기대해 본다.

"아들아, 이제 주사위는 던져졌다. 네가 선택한 것이기에 너 자신이 책임져야 한다. 국가가, 부모가 해줄 수 있는 것은 없다. 너의 수도권 입성이 평탄 대로로 이어졌으면 좋겠지만, 형극의 험로일 수도 있음을 각오해야 한다. 우선 전세금이 거제도에 살 때보다 배나 들어가지 않았니. 그간 모은 돈으로 우선 새 터전을 마련했으나 너 소유의 집을 장만하려면 네가 어떻게 생활해야 할지 짐작이 가고도 남는다. 더욱이 지방대 출신에다 다른 직장에서 이직해 온 터라 회사에서 네가 어떤 대접을 받을는지 걱정이 앞선다. 너의 결혼식 때 주례 대신 아비가 한마디했지. 손주를 안겨 달라고. 그곳에서 너희 부부 둘 살기도 팍팍할 텐데 아이까지 낳아 키우기는 너무 힘든 일이겠지. 그러니 마음에 부담으로 담아두지 않기를 바란다. 우선 불확실한 미래를 위해 오늘의 젊음을 희생하지는 말거라. 마지막으로 하고 싶은 말이 있다. 그곳이 사람 살 만한 곳이 못 되면 언제든지 훌훌 털고 다른 선택을 할 수 있는 용기를 가졌으면 한다. 네가 거제도를 떠났듯이 그렇게 말이다."

도둑맞은 집중력

올해 후반기 들어와 줌으로 글쓰기와 문학 강의를 했다. 강의 진행을 다소 욕심내어 계획했다. 수강생도 기대하며 강의에 적극 참여하겠다는 의지를 드러냈다. 말만큼은 장대한 시작이었다. 초반에는 그런대로 따라왔으나 강의가 진행될수록 조금씩 열기가 식어 갔다. 결석과 지각이 다반사였고, 과제를 제출하지 않는 횟수도 많아졌다. 본인 스스로 성실하지 못하다는 점을 아는지라 핑계를 대면서 수강을 포기하는 사람도 늘어났다. 이러다 보니 강의하는 나의 신명과 의욕도 갈수록 점점 떨어졌다. 모두 바쁘게 살아가는 현대인이다. 현실적 쓸모와 무관한 글쓰기 공부에 매진하기가 쉽겠는가. 이렇게 이해하면서 강의를 끌어왔다. 초심을 유지하지 못하는 이유를 생각해 봤다. 윤리적 태도보다는 집중력 부족이 문제였다. 한곳에 머물지 못하는 산만함이 그 주된 원인이었다. 집중하지 못하니 공부에 흥미를 잃을 수밖에.

올가을 대구에서 KTX로 수원을 간 적이 있다. 대전을 지나면서 기차가 좀 느리게 달리자 창밖 풍경이 눈에 들어오기 시작한다. 가림막을 열고 시선을 밖으로 돌린다. 추수를 끝낸 들판, 나지막한 산과 강여울, 도시와 농촌마을 등의 갖가지 정경이 내 안에 숨어있던 정감을 끌어내 준다. 그간 KTX로 대구에서 서울을 수없이 왕래하던 때는 어떠한가. 기차는 풍경을 보여주지 않는다. 한순간 창밖 풍경을 눈에 담으려 하면 금방 굉음을 내며 터널 속으로 들어가면서 내 시선을 삼켜버린다. 도무지 빠른 속도 때문에 시선이 한곳에 머물 수 없다. 밖을 볼 생각을 포기한다. 기차 안에 갇힌 듯한 느낌이다. 잠을 청하는 길밖에 없다.

이동의 출발지와 도착지만 있을 뿐 중간 과정은 삭제된 시간이다. 대전에서 수원으로 가면서 삼사십 년 전 새마을호 기차를 타고 대구와 서울을 오가던 때 추억이 되살아난다. 그때 보았던 장소가 거기에 있다. 빨리 움직이면 머물지 못하고 깊이 이해할 수 없다. 고속은 집중의 능력을 빼앗아 간다.

한국인은 일주일 동안 평균 3일에 해당하는 시간을 인터넷에서 보낸다고 한다. 이는 대부분이 정보 더미에 묻혀 지낸다는 말이다. 과다한 인터넷 사용은 우리의 집중력을 저하시키는 주된 원인이다. 빛의 속도로 정보를 제공하는 인터넷은 더 많은 정보를 욕망하는 인간에게 매혹적인 것이 아닐 수 없다. 정보가 가치를 발휘하려면 수용자의 주의력을 소비해야 한다. 개인의 뇌는 자기 목표에 집중하여 주어지는 정보를 일관성 있게 정리하는 데 시간이 필요하다. 새로운 정보, 더 많은 정보를 갈구하기에 한자리에 머무는 데 시간을 할애하지 못한다. 결국 정보 범람은 사람의 주의력을 분산시킬 수밖에 없다. 수많은 정보를 접하지만, 그것을 거의 장기기억이나 스키마로 전환

하지 못하고 만다. 이제 누구도 인터넷이 차단된 환경에서 살아갈 수 없다. 우리의 뇌는 갈수록 집중력을 잃어갈 것이다. 정보 과부하는 의식에 합선을 일으켜 창의적 사고를 방해하고 집중력을 떨어뜨려 판단력과 상상력의 빈곤을 가져온다. 이는 개인뿐만 아니라 인류 전체에게 주어진 심각한 문제이다.

집중력을 빼앗는 주범이 가속과 인터넷에 의한 정보 과부하라고 했다. 빠른 속도와 인터넷은 현대 디지털 문화의 본성인 만큼 이를 차단하거나 전폐하는 것은 불가능하다. 집중력 약화를 막을 방법을 강구해야 할 때다. 특별한 묘안이 없는 듯하다. 여기서 요한 하리Johann Hari가 《도둑맞은 집중력》(Stolen Focus, 김하연 역, 어크로스, 2023)에서 주장하는 바를 빌려와 보자. 그는 집중력 향상을 위해 6가지를 제시한다. 첫째, 사전 약속을 이용해 지나친 전환을 멈춘다. 둘째, 나의 산만함에 반응하는 태도를 바꾼다. 셋째, 오랜 기간을 정해 놓고 소셜미디어를 전혀 사용하지 않는다. 넷째, 내 주의력이 배회할 공간을 부여한다. 다섯째, 매일 여덟 시간 수면을 엄격히 지킨다. 여

섯째, 어린아이들이 자유롭게 놀 수 있도록 배려한다. 이런 방법이 얼마나 실효성을 발휘할는지 모르겠다. 중요한 것은 어떤 식으로든 방법을 찾아야 한다는 점이다. 사회운동 차원으로 발전할 필요도 있다. 집중력을 높이기 위한 방법으로 많은 사람이 종이책 읽기를 제안한다. 접근하기 쉽고 설득력 있는 방법인 듯하다.

문학판에도
서열화

 텔레비전 매체가 언제부턴가 가요 경연 프로그램을 경쟁적으로 방송하고 있다. 그 덕에 코로나19로 긴 시간을 집에서 머물러야 했던 대중이 답답함을 얼마간 덜어내기도 했다. 그런데 이런 방송을 시청하면서 '줄 세우기'나 '서열화'의 논리가 대중문화에도 깊이 작동하고 있는 것을 보았다. '조회수'에만 매달리는 지금의 '유튜브 방송'도 마찬가지다. 서열화는 우리 사회 곳곳에 스며 있다. 학교 성적 서열화나 대학 서열화는 어제오늘의 문제가 아니다. 경연 방송을 시청하는 사람은 게임의 재미를 느끼면서 몰입하지만, 순위에 밀려나는 참가자에게 주어지는 것은 좌절과 아픔이다. 줄을 세우고 서열을 매기는 주체는 언제나 공정함을 내세운다. 경쟁사회에서 이 같은 서열화는 어쩔 수 없다는 논리를 펴기도 한다. 능력 있는 사람을 찾아 박수를 보내고 상을 주는 일이 왜 문제가 되느냐는 식이다.

필자가 몸담은 문단도 마찬가지다. 언제부턴가 문학계에서도 줄 세우기가 확대되기 시작했다. 특정 문예 전문지가 문학상을 제정하고 수상작과 수상 후보에 올랐던 작품을 모아 작품집을 출간하는 시스템은 작가와 독자의 큰 관심을 끌었다. 여기에다가 일부 출판사가 나서 '올해의 좋은 시/소설/수필'이란 형식으로 그해 발표된 작품 중 우수작품을 한자리에 모아 서열화한다. 그리고 현재 수필계에서는 전문지 대부분이 일 년 단위로 자기네 잡지에 수록된 작품 중 우수작을 선정하여 시상한다. 그리고 전국 지자체와 각종 단체에서 수백만 원의 상금을 걸고 공모전을 운영한다. 상금이나 수상의 명예를 얻으려는 사람들이 이 공모전에 몰려든다. 문학이 가치지향적인 만큼 평가가 따르는 것은 당연하지만, 그것이 서열화로 차이와 배제를 낳는 근원이 되고 있다면 문제는 심각할 수밖에 없다.

문학도 자본주의 논리와 무관한 채 오직 순수한 예술성만을 구현하는 영역일 수는 없다. 문학 활동도 사회문화적인 제도 속에서 이루어진다. 하지만 문학은 사회 현실적인 조건에 구속되는 것을 경계하고 순수함의 가치를 잃지 않으려고 노력해 왔다. 현실적인 조건에 쉽게 타협하지 않고 인간성을 지키려는 이상주의적인 지향은 문학과 예술의 오랜 전통이었고 자존심이었다. 이런 토대가 무너지고 말았다. 능력주의를 앞세워 차별과 차등을 조장하는 행위가 문학판에도 여상스럽게 판을 친다. 물질적 가치를 넘어 정신적 가치를 지키려고 자기 자신을 다잡고, 권력이 휘두르는 통세와 억압에 저항했던 문학 본연의 모습은 어디에도 찾아볼 수 없다. 명분상 좋은 작품을 골라 그 우수성을 알리겠다는 것이지만, 그것이 차별과 배제를 조장하는 반문학적인 행위임을 왜 인식하지 못하는가. 대부분 문학 서열화에 저항하지 않고 순응한다. 그 문제점을 인식지 못하고 오히려 그런 제도에 빠져들고 있다.

우리 사회에 만연된 서열화의 밑바탕에는 능력주의가 자리잡고 있다는 점은 잘 알려진 사실이다. 능력주의는 사회 구성원 누구나 능력을 갖추고 노력하면 어려움을 뛰어넘어 성공할 수 있다는 이데올로기에서 출발한다. 능력이 있으면 누구나 선택받을 수 있고, 노력한 만큼 보상받는다는 원칙에는 하자가 없어 보인다. 여기에다 능력주의는 누구에게나 기회를 제공하는 공정한 시스템임을 강조한다. 한국 사회는 21세기를 시작하면서 능력주의를 최고의 공정한 시스템이라면서 모든 분야에 적용해 왔다. 그 결과 공평하고 평등한 사회가 되었는가. 사회가 능력주의를 근간으로 공평하게 돌아가고 있다고 생각하는 사람은 많지 않다. 개인의 능력과 무관한 기준이 암암리에 작동하고, 최선의 노력을 쏟았는데도 돌아오는 결과는 너무 초라하다. 능력주의의 어두운 그림자가 선명하게 보인다.

능력주의는 인류가 진화하는 과정에서 체화된 유전적 인자인지도 모른다. 문제가 있다고 해서 오랜 시간을 통해 굳어진 그것을 하루아침에 청산하기는 불가능하다. 중요한 것은 능력주의에 토대를 둔 '줄 세우기'가 어떤 비인간적인 결과를 가져오는지에 대한 올바른 인식과 반성이 필요하다는 점이다. 능력이 부족하다는 이유로 경멸하고 소외시키면, 우리 사회는 결국 승자독식의 논리를 정당화하여 약자를 착취하는 비인간적인 사회로 추락하고 말 것이다. 우리는 개인의 능력 평가가 객관적일 수 없는데도 그것을 앞세워 차등화하는 데 익숙해져 있다. 이런 악습을 청산하려면 마음속에 뿌리내린 서열화의 잔재를 먼저 씻어내야 한다. 서열화를 멈추지 못하면, 우리는 보이지 않는 무한경쟁의 감옥에 갇히고 말 것이다. 인간 위에 인간 없고 인간 아래 인간 없다.

악을
들여다보다

우크라이나 전쟁이 2년 넘게 이어지고, 이스라엘 전쟁은 발발한 지 1년 반이 지났다. 그간 전쟁으로 수많은 사람의 목숨이 희생되었다. 멀리 남의 나라에서 진행되는 전쟁이라 그 참화는 단지 상상으로 느껴질 뿐이었다. 하지만 코앞에서 벌어졌던 다른 형태의 전쟁은 우리에게 인간의 추악한 본성을 확인시켰다. 2024년 4월, 22대 총선이 바로 그러했다. 경쟁 상대를 이기기 위해서는 무슨 짓이든 할 수 있음을 보여 주었다. 특히 정치인의 말은 인간의 기본 윤리에서 한참 벗어나 있었다. 쓰레기에서 나는 악취 같은 말을 부끄럼 없이 내뱉는다. 그러면서도 국민을 위해 일하겠다고 목청을 높이는 그 뻔뻔함은 어디서 비롯되었는가. 이런 현실을 접하면서 인간은 악에 쉽게 무릎을 꿇는 무력한 존재라는 생각이 들었다. 과연 인간은 이성과 선을 지향하는 도덕적인 존재인가, 아니면 악마와 같은 존재인가.

인간 본성에 대한 관점에는 널리 알려진바 성선설과 성악설이 있다. 동양에서 성선설은 맹자에 의해 주장되었는데, 인간의 본성을 선하다고 보는 관점이다. 남의 불행을 외면하지 않는 측은지심을 그 근거로 든다. 선하지 못한 것은 본성의 문제가 아니라 선한 본성을 확충하거나 보존하지 못한 결과라고 주장한다. 반대로 순자에 따르면, 사람의 본성은 악해서 그대로 두면 다툼이 일어나고 사회 질서가 깨져 혼란을 초래한다. 질서를 세우려면 법으로 교화하고 예의로 인도할 필요가 있다고 본다. 이 둘은 도덕적 교화를 강조한다는 점에서 차이가 없다. 그런데 도덕적 교화로 선함을 유지해야 한다는 관점은 선하게 살아야 한다는 당위뿐만 아니라, 인간은 악에서 벗어날 수 없다는 절망과 한계도 내포하고 있다. 악은 두더지게임에서 때리고 때려도 고개를 쳐드는 두더지 같은 것이 아닌가 싶다.

과학적 지식이 축적되면서 인간을 하나의 객체로 바라보는 시각이 나타난다. 대표적인 것이 생물학적 관점으로서 다윈주의의 자연 선택론이다. 인간의 본성이나 사회적 행위를 유전적으로 설명하는 유전자 결정론은 여러 비판에도 불구하고 여전히 설득력을 발휘하고 있다. 도킨스의 《이기적 유전자》에서 발신된 메시지는 큰 반향을 불러일으켰다. 모든 생물체는 '자기 복제자로서 유전자'를 후대에 전달하기 위해 무슨 일이든 주저하지 않을 만큼 이기적이라는 것이다. '못된 소나무에 솔방울이 많다'는 속담까지 들먹일 정도로 이 주장은 사람들의 의식을 강타했다. 문제점은 생물 개체가 이기적으로만 행동하지 않는다는 점이다. 개체 간 협동이나 이타적 행동이 이를 방증한다. 그렇지만 이번 선거판이 노출한 비인간적 행위를 지켜보면서 '이기적 유전자'설이 마음에 절실히 와닿는다.

 악을 인간 본성에서 발현된 결과로 본다면, 인간은 악의 굴레에서 벗어날 수 없다. 본성은 피할 수 없는 고정된 속성이기 때문이다. 악을 이해하려면 악을 생성하고 키우는 연료가 무엇인지에 관해 주목할 필요가 있다. 《악에서 벗어나기》에서 어니스트 베커가 주장하는 바는 흥미롭다. 그의 관점은 이렇다. 인간은 필멸의 존재이고, 이를 인식하고 있다. 그래서 죽음을 부정하고 삶의 지속성을 향한 갈망, 즉 불가능한 불멸성에 대한 욕망이 악의 근원이라고 본다. 피할 수 없는 유한성을 넘어서려는 일은 억지다. 그 억지가 집단적 장치로 매개됨으로써 악은 정당화된다. 국회의원이 되겠다는 것은 권력을 잡아 자신을 남기고 남에게 영향을 주려는 욕망의 발로인데, 국민과 정의를 위해 희생하겠다며 선을 가장한다. 우리는 어느 한 편에 서서 선으로 위장한 악에 동참한다. 이로써 악은 무한정으로 재생산된다.

 자기 영속을 향한 인간의 욕망은 오늘날 가시적인

권력과 돈에 집중되는 현상을 보인다. 돈은 현대 사회에서 불멸성의 표상이고 새로 등극한 신이다. 개인은 돈의 소유를 통해 세속적인 권력을 획득하고 불멸의 가치를 실현할 수 있다고 믿으면서 돈에 탐닉한다. 현대 사회 곳곳에 널려 있는 악의 파편들은 돈을 향한 욕망을 먹이로 삼아 추하고 폭력적인 에너지를 발원한다. 돈에 구속되어 살아가는 우리는 어떤 식으로든 악에 연루되어 있다. 그렇다고 악을 제거하려고 돈을 버릴 수 있겠는가. 악의 발원지를 알았다고 해서 악에서 벗어날 출구를 쉽게 찾기는 어렵다. 하지만 내 안에도 악이 잠재한다는 점을 잊지 말아야 한다. 단지 "착한 일은 작다 해서 아니 하지 말고, 악한 일은 작다 해도 하지 말라"는 《명심보감》의 한 대목을 되새기는 것 이상의 특별한 대안이 없다는 점에 실망할 뿐이다.

내미는 손
잡아 주자

 매월 만나는 고등학교 반창회 모임이다. 한 친구가 말한다. "잘 지내재? 요새 아프면 죽는 수밖에 없대이. 건강 잘 챙기라." 한 친구는 이렇게 답한다. "그래 맞다. 세상 어이 될랏꼬 이카노. 고래 싸움에 등 터지는 건 새우 아이가. 우리 같은 서민들 요새 아프면 절단이다." 의료대란을 두고 하는 말들이다. 출구를 찾지 못한 채 정부와 의료계의 대치 상태가 두 달을 넘겼다. 수술받아야 할 환자가 병원과 의사를 찾을 수 없어 애태운다는 이야기도 종종 들린다. 어떤 사람은 수술 날짜를 잡았는데 '운이 좋았다'는 말을 덧붙인다. 환자가 병원에서 의사 만나 치료 받는 일이 운이나 백이 없으면 불가능하단다. 왜 이렇게 되었고, 무엇이 문제이며, 잘잘못이 누구한테 있는지 모르겠다. 하지만 이래서는 안 되는 것 아닌가. 자기주장만 내세우지 말고, 맞대면하여 상대편의 의견을 경청하는 것부터 시도해 봐야 하지 않겠는가. 사회에는 다양한 갈등과 다툼이 일어날 수밖에 없다. 중요한 것은 얽힌 매듭을 풀려는 진정한 의지와 자세이다. 만나서 상대의 얼굴을 쳐다보고 서로 손을 내밀어 보자.

꼭 모아쥐고 있는 갓난아이의 손에 손가락을 대어 보라. 아이는 어느새 내민 사람의 손가락을 거머쥔다. 또한 그 아이는 뭔가를 붙잡고 몸을 세우고 이동하며, 마침내 홀로 서고 걷는다. 무엇을 붙잡는 것은 타자와 관계를 맺고 힘을 얻어 자기 존재를 지키려는 본능이고 무의식이다. 한 존재가 이 세상을 살아가는 과정은 끊임없이 다른 존재를 붙잡는 일이다. 인간은 자기 혼자 살 수 없음을 말해 준다. 이를 사회성이라고 한다면, 이 사회성은 인간의 기본 조건이다. 상대를 인정하고 내 것을 나누어줌으로써 내가 존재할 수 있다. 남을 붙잡지 않으면, 나는 길을 잃고 위험에 빠지고 만다. 그렇다고 상대를 잡는 것은 내 안전을 위해 남을 이용하는 이기적인 행위가 아니다. 아이의 손을 잡은 엄마의 얼굴을 보면 알 수 있듯이, 누구를 잡는 일은 정과 사랑의 표현이기도 하다. 모든 존재는 타자와 정을 나누는 데서 삶의 활기를 얻는다. 독립된 개체가 연결됨으로써 발휘하는 힘은 상상을 초월한다. 질량을 가진 만물이 서로 잡아당기는 만유인력은 상호 손잡기의 다른 이름이다.

우리는 코로나19 시절을 보내면서 절실히 깨달았다. 서로 만나 얼굴을 마주 보는 일이 얼마나 소중한 것인지를 말이다. 사람이 옷으로 온몸을 감싸 숨기지만, 얼굴은 가리지 않는다. 이는 상대를 부르고, 동시에 상대의 부름에 대답하기 위함이라고 한다. 머릿속으로만 상상하는 대상이나 타자는 추상에 불과하다. 추상 속에서 상대는 자꾸 지워지고 '나'만 부각되기 마련이다. 정부와 의료계가 만남 없이 언론이란 추상적인 공간에서 주고받는 언어들을 보라. 극단적인 불신과 대립을 조성할 뿐이다. 만나 상대의 얼굴을 마주하는 것은 나의 부피를 줄이고 상대를 받아들일 수 있는 준비 자세이다. 좋은 관계를 유지하려면 필수적으로 '나'를 낮추고 상대를 이해해야 하는데, 이는 만나서 얼굴을 맞대지 않고는 불가능하다. 공존의 공간에서 '나'는 공동체의 일원으로 자신을 인식함으로써 타자의 부름에 응대하고 타자를 환대한다. 타자를 환대하는 것이 '나'의 자리를 확고히 하는 것이기 때문이다. 좋은 유대를 이어가려면 구체적인 공존의 장이 먼저 전제되어야 한다.

법과 도덕과 사회 제도 등은 우리가 타자와 어떤 관계를 유지하면서 살아가야 할지를 규정하지만, 곳곳에 틈새가 있다. 그 틈새에서 갈등과 싸움이 생겨난다. 내가 생각하는 진실과 정의는 타자의 그것과 항상 차이를 보인다. 즉 나와 타자 사이의 가치관 충돌은 피하기 어렵다. 모든 사람의 있을 자리와 가야 할 길이 같다면, 다시 말해 절대적인 올바름이 하나로 주어진다면, 이 세상은 갈등 없는 천국이 될 것이다. 우리는 각자만의 올바름에 갇혀 있어 타인의 올바르지 않음은 비판하면서 나의 올바르지 않음은 인식하지 못한다. 자기성찰은 지향적 과정이지 올바름에 도달한 결과는 아니다. 나의 올바르지 않음을 알고 보정하는 일은 나 스스로 할 수 없다. 타자와의 대립과 갈등 가운데에서 나의 올바름을 세워야 한다. 타자를 밀어내고서는 이것이 불가능하다. 싸움의 과정에서 전해진 타자의 작은 충격이 나를 변하게 한다. 타자를 배제하기 위한 싸움은 결국 파국에 이른다. 우리는 진정 타자에게 손을 내밀고, 내미는 손을 너그러이 잡아줄 수 없는가.

기후변화와
그 대응

 돌 지난 지 두어 달 된 손자가 연신 집 밖으로 나가자고 보챈다. 식구들이 번갈아 가면서 아이를 유모차나 자전거에 태워 바깥으로 데리고 나가 아파트 단지를 돌아다니다가 들어온다. 이런 일이 하루 몇 번이나 반복된다. 그런데 오월의 날씨가 변덕스럽다. 기온이 높은 것 같은데도 바람이 강하게 불어 선득선득할 때가 잦다. 결국 아이가 감기에 걸리고 말았다. 콧물을 흘리며 열도 올라간다. 병원에 가보니 감기 환자가 줄을 서고 있다. 이상 기온 때문이란다. 의사가 바깥바람을 쐬지 말라고 한다. 요즘처럼 바람이 강하게 부는 날에는 미세먼지가 날려 아이가 감기에 걸리기가 쉽단다. 밖으로 나가자는 아이를 달래기가 쉽지 않다. 이상 기후는 육아에도 큰 부담을 주는 것 같다. 자연과 대지는 인간 삶의 터전이다. 세상에 태어난 아이는 자연에 적응하면서 성장해 간다. 때로 거칠고 위험한 모습을 드러낸다고 해서 자연과 등지고 살 수 없다. 그런데 오늘날 우리는 자연이나 기후변화를 위험한 대상으로 설정하고 경계하면서 살아야 하는 지경에 이르렀다.

'퓨처어스 위험 보고서 2020'에서 과학자들은 인류를 위협하는 '세계 5대 위험'으로 기후변화 대응 실패, 기상이변, 생물다양성 감소, 식량 위기, 물 부족을 꼽았다. 이 다섯 요소가 상호 시너지 효과를 가져와 사태 악화를 가속할 거라고 한다. 특히 기후변화로 발생하는 기상이변은 한순간의 자연 재앙으로 끝나지 않는다. 그 심각성은 생태계를 교란하는 동시에 사람의 건강에도 악영향을 미친다는 점이다. 2015년 파리협정에서 전 세계 195개 국가가 지구온난화를 산업화 이전 수준보다 1.5도로 제한하는 데 합의했다. 그런데 세계기상기구는 2024~2028년 사이, 적어도 한 해는 1.5도를 넘을 가능성이 80%라고 했다. 온도가 1.5도 상승하면 폭염, 가뭄, 홍수, 태풍 등의 극한 기후 이변이 자주 발생하고, 결과 세계 경제와 사회는 큰 위험에 빠지게 된다. 이런 경고는 여러 통로를 통해 수없이 접해 왔기에 이제 기후변화의 위기를 모르는 사람이 없다. 여기에다 기후 종말론까지 들린다. 하지만 대다수는 이런 이야기를 별로 심각하게 받아들이지 않고 남의 일처럼 모른 체한다.

나는 매일 아침에 일어나면 우리 집 스마트홈 스피커에게 "하이 클로버, 오늘 대구 날씨 어때?"라고 묻는다. 그러면 로봇은 기상 상태와 최고 최저 기온을 말하고 미세먼지 상태까지 알려준다. 날씨 정보가 일상생활에 유용하게 활용될 때가 많다. 이제 사람들이 집을 떠나 먼 곳으로 갈 때, 도착지의 날씨와 기온을 확인하는 일은 상식이다. 기후 정보는 사소한 것 같지만, 일정에 속속들이 영향을 미친다. 이처럼 기후가 생활에 밀착되어 있는데도 기후 위기에 대한 인식과 대처는 소극적이다. 왜 그런가. 기후변화나 대기오염 등과 같은 환경문제는 개인에게 구체적이고 중요한 것으로 느껴지지 않기 때문이다. 그것의 속성은 집합적 점진적 장기적 간접적이다. 기후변화를 유발하는 행위든 해결하는 행위든 마찬가지다. 개인은 자기 생각과 행위가 기후변화 전체에 아무런 영향도 미치지 못한다고 생각한다. 특히 기후변화 문제를 해결하기 위한 개인의 실천이 약간의 비용을 요구하거나 불편과 손실을 초래할 수 있다면, 더더욱 그 실천을 꺼린다.

기후변화를 비롯한 환경문제를 해결하기 위한 개인의 의미 있는 실천은 매우 어렵다. 이에 전문가들은 실천에 앞서 친환경적인 의식 함양이 중요하다고 주장한다. 인간 중심적인 세계관에서 탈피하여 자연이나 객체를 존중하는 태도나 절제하는 삶의 자세 등이 그런 것이다. 환경이나 기후변화 문제에 관해 실천으로 이어질 힘이 내재하는 윤리적인 자각이 선행되어야 한다는 말이다. 내가 발행인으로 있는, 전문지 《수필미학》은 4년 전부터 기획특집을 통해 생태주의적인 생각과 실천을 내용으로 하는 글을 수록하고 있다. 생태수필과 생태주의 저술에 관한 리뷰가 그 중심을 이룬다. 인간 삶의 문제를 탐구하는 것이 문학의 본령이다. 기후변화로 인간 삶의 환경이 위기에 처해 있는 현실을 문학도 직시해야 한다. 기후변화에 대한 문학의 이러한 대응이 당장 효과를 가져오지 못하더라도 멈추어서는 안 된다. 이는 오늘을 살아가는 사람이면 갖추어야 할 최소한의 윤리이기 때문이다. 기후변화에 대응하는 첫걸음은 윤리적 책임감이다. 이를 망각지 않으려면 기후변화와 그 위기를 입에 자주 올리는 길밖에 없다.

신 재 기

경북 의성 출생
《매일신문》 신춘문예 평론(1990)
수필집 《기억의 윤리》 외 다수
비평집 《수필비평의 방법과 실제》 외 다수
저서 《수필학 강의》 외 다수
현재 《수필미학》 발행인 겸 주간